だれも教えなかった料理のコツ

有元葉子

はじめに

あなたはどんなに忙しくても、自分の手で作ったものを食べたいと思っていますか？　本書は、この問いに「はい！」と答えた方々を応援するための本です。最初から料理上手な人など、まずいません。味が少し濃かったり、時間がかかってしまったり、下手でも不器用でもいいのです。毎日作ってみる、それを必ず食べてみる……という繰り返しの中でしか調理のコツは身につかないものです。私も同じように毎日の繰り返しの中からいくつか自分のやり方を見つけてきたのです。

さて、この本では素材別に構成し、それぞれの特徴と扱い方、おいしく仕上げるコツを説明しました。我が家の定番料理をはじめ、私がいつもやっている調理上の工夫を、可能な限りご紹介したつもりです。ふつうの料理本には書かれていないようなこともたくさん出てくるでしょう。だれも教えなかったような私流のやり方に、びっくりされる方もいらっしゃるかもしれません。

結局、料理は想像力です。ここで紹介したレシピは「こう作る」というルールではなくて、あくまで目安と考えて、どんどんあなた流を生み出していただきたいと思います。

さて、お料理を始める前に、大事な2つのことを記しておきます。

まず調理台に、使う道具を並べてスタートする……すぐに料理にとりかかれるように、調理台はいつもすっきりと空けておきたいもの。その上に、調理道具を出し、使いやすく並べます。包丁、まな板、ふきん、ボウル、ざる、バット、菜箸などなど。これで、調理の途中に大あわてで菜箸を探したりすることがなくなるわけです。言ってみれば段取り。また、料理が終わったとき、きれいに片づいていること。そのためには片づけを並行して行うこと。その度にしまう、その度にふき取る……、意外に大切です。

きちんと身支度を整えてからスタートする……髪をまとめ、お気に入りのエプロンをします。そしてできれば腕カバーもすること。私はエプロンと共布のものを準備しています。これで水はねを気にせずに洗えますし、および腰にならずにガス台の前に立てるので、かえってやけどなどの危険も少なくなります。「やらなければならない料理」ではつまらないでしょう。それがいつの間にか「楽しい料理」に変わっている、そんな提案ができれば、これほどうれしいことはありません。

有元葉子

もくじ

第4章 魚介・肉類編

もくじ

この本の決まり

＊この本で使用した計量の単位は、1カップ＝200ml、大さじ1＝15ml、小さじ1＝5mlです。
＊この本で使用した電子レンジの出力は600Wです。
＊本文中に記載の料理名は、別記レシピのあるものは《》で囲み、それ以外のものは〈〉で囲んであります。
＊本文中に★をつけたお店やメーカーは、巻末の「問い合わせ先一覧」に掲載されています。

第1章 基礎調味料編

調味料の選び方で我が家の味が変わる

新鮮な素材と上質の調味料があれば、手間をかけずにおいしい料理を作ることは、それほど難しいことではありません。シンプルな料理ほど、よい調味料が素材本来のうまみを引き出してくれるからです。

手際の悪さで見た目が悪くても、調味料のよさに助けられて味はよくホッとしたことはありますが、その逆は決してあり得ません。どんなにいい材料と料理の腕があっても、調味料がよくないとそれまでの努力が台なしに……。

手間ひまかけて健全に作られた良質な調味料は、確かに値段は少し張ると思います。でも、ご家族や自分の健康を預かる作り手としてそこは譲ってほしくありません。

第一、調味料を本物に替えるとそれだけで我が家の味がだんぜん変わり、格段にアップします。塩、しょうゆ、みそなら、ちょっとなめてみて。みりんや酒なら飲んでみてください。生のままで味わっても、上質な調味料はなんとおいしいこと！

キッチンには、そうやって本当に自分がおいしいと思ったものだけを備えておきましょう。まずい調味料で作った料理は当然ながらまずく仕上がる――この大原則を、肝に銘じて。

塩

おいしい自然塩を料理に応じて使い分ける

〝おいしい塩〟とはどんな塩？

塩は調味料のなかの基本中の基本。どんな料理も塩けなしというのは考えられません。鮮度のよい素材なら塩、こしょうだけの味つけで、それはもう充分においしく仕上がります。複雑な味つけの料理もときにはいいのですが、私はむしろ塩だけのシンプルな味つけが好き。素材本来の独特の甘みやほろ苦さ、季節の香りといったものが、舌にダイレクトに伝わってくるからです。

ところで、機械でサラサラに結晶化させた「精製塩」。真白で見た目にはきれいです。よく乾いているので、まんべんなくふりやすいのですが、表示を見ると塩化ナトリウムが99パーセント以上とあって、これでは塩辛さだけが際立ってしまいます。

おいしい塩というのは、なんと言っても天然の恵みを受けた「自然塩」。伊豆や能登や沖縄といった自然の豊かな海水を原料に、平釜で煮つめたり、天日干しで結晶化したのが〝自然海塩〟です。欧米や東南アジア、オーストラリアなど日本以外にも海水からとった海塩においしいものがいろいろあり、海外旅行の際のちょっとした楽しみのひとつです。余談ですが、豆腐の凝固剤などに使われる「にがり」は、海水から食塩を折出させたあとの残液です。

一方、古代の海水が地殻変動などで地層内で結晶化したのが〝自然岩塩〟。ヨーロッパなどには、おいしい岩塩も多彩にあり、世界的には海塩より岩塩のほうが大量に流通しています。

どちらもどんな料理にも合いますが、海塩は魚介類を、岩塩は肉類の味をより引き立ててくれます。

自然塩こそミネラル豊富でうまみのある辛さ

自然の塩、つまりたくさんの生き物が生息する海水から作られた塩や、長い年月をかけて形成された岩塩層から採取した塩には、塩化ナトリウムのほかに、カルシウム、マグネシウム、カリウムなどの天然のミネラルが豊富に含まれているのだとか。

でも、私にとってこうした栄養的な長所はいつも後づけ。最初は「好きだから」、「おいしいから」が出発点です。あなたが使っている塩を、試しになめてみてください。精製塩は単に塩辛いだけの、単純で奥行きの感じられない〝とんがった味〟。これに対して自然塩は、まろやかな辛さというか、風味やうまみの感じられる〝まあるい味〟。その上、材料の持ち味を引き出してくれる働きもします。

最後に必ず味をみて塩かげんを調節する

「ピタリ」と決めるのはなかなか難しいものですが、料理の味つけで最も大切なのが塩かげんです。失敗なく仕上げるには、まず「少し薄いかしら？」と思うくらい控えめに入れて加熱します。そして最後に、必ずまた味をみて調節するのが私流。

塩には材料を締める働きがある

塩は材料に塩味をつけるだけではありません。素材の水分を引き出し、生臭みやあくを除いたり、野菜や果物の色出しや変色防止、食品の保存性を高めるなど、その働きは多岐にわたります。なかでも塩には材料を締める働きがあることを忘れないように。従って味をつける際は、最初に塩を入れてしまうと、あとの調味料が材料に含まれにくくなります(21ページ)。

魚や肉に塩をふるときも、塩の働きを考えてタイミングを計ります。魚は焼く15~20分前に塩をふりますが、肉は直前にふるようにします。魚に塩をふると、塩が身の余分な水分を引き出してくれます。と同時に身が締まってうまみを閉じ込め、焼いても身くずれしにくくなります。

肉は早くに塩をふると身が締まってかたくなるので、焼く直前にふりますが、私はステーキや網焼きは、いただくときに好みの量をつけて食べます。

塩辛さの効き方の強い塩と弱い塩がある

最近はいろいろなタイプの塩が市販されているので、レシピを見るときにも注意が必要です。塩によって塩辛さの効き方が強いものと弱いものがあるので、塩小さじ1と書いてあっても、うのみにしないように。必ず味をみて、自分の舌で確認する習慣をつけましょう。ちなみに小さじ1杯の重さは自然塩が5グラム、精製塩が6グラム。同じ量の塩のつもりでも、精製塩のほうが塩辛くなります。

私は料理に応じて、塩の効き方、うまみ度を生かし、自然塩を次のように使い分けています。

(1)味つけに——煮物や炒め物などにいちばん出番の多いのは、能登半島の珠洲《すず》市産の塩。

(2)ふり塩、つけ塩に——仕上がった料理にちょっとつけたり、サッとふったりするのは、うまみのあるフランス産のゲランドの塩。

(3)漬け込み用に——野菜の漬物や肉や魚介のマリネなどには韓国産の塩やゲランドの粗塩を使用。

しょうゆ・みそ――みそとしょうゆで我が家の味がほぼ決まる

しょうゆもみそも香りをとばさないように使う

いろいろな調味料のなかでも、みそとしょうゆはその家の味を決めるほど中心的な役割を担っています。とりわけしょうゆは、すべての和食の味を左右するといっても過言ではありません。おいしいしょうゆを使えば我が家の味もおいしくなるわけです。

しょうゆは大豆と小麦を原料とする発酵調味料で独特のうまみと香りがあります。長く煮込むときは、せっかくの香りがとんでしまうので、二度に分けて入れるのがコツ。最後にも残りのしょうゆを加えてひと煮立ちさせると、香りが引き立ちます。

みそは蒸した大豆にこうじと塩を加えて発酵させた、これも発酵調味料なので、しょうゆ同様、腸内の善玉菌を増やしてくれるそう。

みそは合わせみそにして使うとよりおいしく、複雑な味わいが楽しめます。そこで我が家では種類の違う二色のみそを、だし昆布（最後に刻んでご飯の友に）を仕切りにして一つの密閉容器に入れて保存しています。すると、みそ汁を作るときには二種類のみそが、一つのお玉ですぐにすくえてラクです。

みそを加え、汁がふうっと煮立ってくると、みそのよい香りが漂います。これを「煮えばな」といい、みそ汁のいちばんおいしい食べどき。ここで火を止めます。みそを入れたら決してグラグラ煮立てないことが鉄則です。

薄口しょうゆは濃口しょうゆより塩分が多い

ふつうしょうゆというと、濃口しょうゆのことを指します。香りが高く、コクのあるうまみが特徴で、しょうゆ全体の八割以上を占めているとか。

これに対し、関西でよく使われるのが薄口しょうゆ。文字通り色が薄く、素材の色や味を生かしたい汁物や煮物に使うと、しょうゆの色がつかず、色美しく上品に仕上がります。濃口しょうゆより香りやうまみも淡白で、色も薄いのでつい多めに使いたくなりますが、ちょっと待って。実は薄口しょうゆは濃口しょうゆより濃い食塩水を加えて作るため、塩分は強いのです。多少控えめに使うのがコツ。

我が家の味を伝えることが大切

仕事柄、「どこのしょうゆやみそを使っていらっしゃいますか？」と聞かれることがよくあります。

私の父の実家は会津若松で醸造業を営んでいたため、いまも親類縁者が地元でしょうゆ作りに励んでいます。そんな関係で丸大豆を使った本醸造の「和右衛門」（林合名会社★）というしょうゆを、いつもきらさないように取り寄せて使っています。

みそは米どころ新潟の米みそ「越後味噌」（渋谷★商店）2種類を、これも取り寄せています。

どちらも添加物はいっさい使わずにじっくり熟成させ、根気よく丁寧に作られていることを知っているからですが、それ以上に私の舌が、本当においしいと感じる味だからです。

みそとしょうゆこそ、各自が自分の舌で味わい、「これ」という味を見つけて使い続けてください。それこそが家族にとっての我が家の味になるのですから。

砂糖

塩より先に入れ、素材をやわらかくする

料理に応じて砂糖の種類を選ぶ

砂糖は砂糖きびや砂糖大根を原料にした天然の甘味料です。ひと口に砂糖といっても、種類が多く、製法の違いで糖度や結晶の大きさ、色、風味などに違いが生じます。

いちばんおなじみの砂糖が上白糖。精製度が高く色白で万能に使えます。とくにすし用の合わせ酢やあえ物など、素材の色を生かす料理にぴったり。

上白糖より精製度の低い三温糖や黒砂糖は茶系の色は残っていますが、ミネラル分も残している上、色の気にならない煮物に加えるとコクが出て臭みも消してくれます。

グラニュー糖はくせがなく溶けやすいので、和・洋のお菓子によく使われます。氷砂糖はゆっくり溶ける性質を利用して、梅酒などの果実酒に使われます。

ところで、じつは我が家は砂糖の減り方が極端に少ない家です。料理の味つけをあまり甘くしたくない上に、甘くするならみりんを使うケースが多いから。ダイレクトな砂糖の甘さよりも、みりんで煮たすっきりして深みのある甘さのほうが好きです。

魅せられたものはその成り立ちを知って使いたい

煮物にあまり砂糖を使わないほうですが、例外もあります。いつもはみりん党の私も和三盆は別格。

伝統ある京都の干菓子や生菓子などによく使われる、本来は高級和菓子用の砂糖が和三盆糖です。

和三盆のおもな産地は四国の讃岐（香川県）と阿波（徳島県）。徳島の岡田精糖所になん度か伺ってその製造過程を見せていただいたことがあります。実に丹念に手をかけた仕事ぶりに感激し、「大切に味わわなければ……」という思いを強くしました。

口に含むと淡雪のように溶けて、じんわりとやさしい甘みが舌に広がります。それでいて変に舌に残らないすっきりしたあと味。この甘さに魅せられてからは、焼き餅につけるきな粉と合わせたり、ゆでた豆にかけたり、かぼちゃやお芋などの煮物にも用いて、その上品な甘さを密かに楽しんでいます。

調味料は「さしすせそ」の順に入れる

よく調味の基本は「さしすせそ」といわれます。「さ」は砂糖、「し」は塩、「す」は酢、「せ」はしょうゆ（昔はせうゆと書いた）、「そ」はみそのこと。調味料をこの順序で入れると味がよくしみ込み、風味よく仕上がるというわけです。

まず最初に砂糖を入れるのは、素材をやわらかくする働きがあることと、砂糖は塩より組織が大きいので時間をかけて素材に味をしみ込ませるためです。反対に塩は素材を締める働きがあり、組織も小さい。ですから、塩を先に入れると材料が締まって煮えにくい上に、塩味ばかり勝って次に入れた砂糖の味がしみにくくなります。

酢は先に入れると熱で酸味がとびやすく、しょうゆやみそも香りを生かすため、あとから加えます。

どの料理にもこの順番とは限りませんが、野菜の煮物などにはこの基本を覚えておくと役に立つと思います。

みりん・酒
飲んでおいしい、本物を選ぶこと

酒は最初に、みりんは最後に加えるのが基本

みりんと清酒（日本酒）はどちらもアルコール分のうまみを出す調味料ですが、使い方の違いはご存じですか。蒸したもち米を原料とするのがみりんで、蒸したうるち米を原料とするのが清酒。原料の違いから清酒は料理にうまみを、みりんはうまみ以外にも甘さと照りをつけます。うまみ成分を含むみりんの甘さには、砂糖より深みがあります。

みりんを使うときは、甘みを出す調味料だからといって砂糖と同じと考えるのはまちがい。砂糖の項でお話ししたように、砂糖は材料をやわらかくするので、まず料理の最初に加えます。酒も材料をやわらかくするので同様です。これに対し、みりんは材料を引き締めるので、先に加えるとやわらかく煮たい肉や野菜がかたくなり、味も含みにくくなります。ですから、最後に回し入れてコクや照りを出すようにします。ただし、みりんには生臭みをおさえ、たんぱく質を固める働きもあるので、身を引き締めて煮たい煮魚などには最初に加えます。

多めに入れるみりんや酒は煮切って使う

みりんと酒の使い方で、もうひとつの注意点はどちらも充分にアルコール分をとばすこと。そうしないと料理にアルコール臭さや麹臭さが残り、風味が損なわれてしまいます。みりんや酒を煮立ててアル

コール分をとばす作業を、「煮切る」といいます。

みりんも酒も少量なら直接料理に加えて煮立てればいいのですが、生に近い料理や多めに使う場合は、「煮切りみりん」や「煮切り酒」にします。

煮切る方法は簡単。みりんや酒を小鍋に入れ、中火で酒臭さが消えるまで煮立てるだけ。こうして使えばみりんや酒のアルコール分だけがとんで臭みがなくなり、アルコールのうまみやコク、材料の生臭さを消す働きはしっかりと残ります。

混じりもののみりんや酒はシャットアウトする

愛知県の三河地方は古くから本みりんの産地として知られたところ。我が家では「三河みりん」を使っていますが、ふつうに飲んでも驚くほどおいしい。ほかの調味料同様、本みりんも「飲んでみておいしいものをどうぞ!」ということにしています。

ところでスーパーなどでは、みりん風調味料とか料理用清酒なるものを見かけます。本みりんはアルコール分13パーセントが標準なのに対し、みりん風調味料は1パーセント。さまざまな調味料を加えてみりんに似せたもので、塩分を添加したものさえあります。このようなみりんや酒はおすすめできません。もし、みりん風調味料しかなければ、私は本物の酒と砂糖で代用します。酒3に砂糖1の割合で合わせて使えば、みりんまがいのものよりよほどみりんらしい味になります。また、料理酒を使うぐらいなら、燗ざましの日本酒を選びます。

酒を加えると酵素の働きで柔らかく、奥深い味になるので、肉に下味をつけたり、炊き込みご飯などによく使います。日本酒に限らず、洋食ならワインやビール、中国料理には紹興酒や老酒などのアルコールを使うと、おいしさもひとしおです。

酢
マイルドな味わいの醸造酢がおすすめ

グローバル化した酢ですが、基本は米酢

酢にも塩と同様、グローバル化の波が押し寄せ、世界各地の酢が日本で手に入るようになりました。欧米ではワインを原料にしたワインビネガーが主流ですし、ぶどう果汁を木樽熟成したイタリア産のバルサミコや中国産の黒酢なども、ポピュラーになってきました。

それぞれの国の料理には、その土地で生まれた酢が合うのは当然のことですが、我が家では日本の酢とワインビネガーです。

ひとくちに日本の酢といっても、米酢、玄米酢、穀物酢などがありますが、米を原料にした米酢を主に使っています。

食欲を増進させ、疲労回復に役立つ酢

我が家で愛用している米酢は京都の「千鳥酢」（村山造酢）という醸造酢。ツンと鼻をつくような酢のきつさがなく、マイルドな味わいが好きです。

酢が加わるとうまみや風味が引き立ち、さわやかな酸味が食欲を増進させます。また疲労物質の乳酸と結合し、疲れをとってくれる作用もあるのだとか。生の魚介を酢洗いや酢締め（104ページ）にして使うのは、酸味を添えるばかりか、その殺菌作用のため。また、あくの強い野菜を酢水に浸すと漂白作用で、褐変を防止してくれます。

私は酢の代わりに柚子やすだち、かぼす、なければレモンなどを絞って使うのも大好きで、いってみればこれは私にとっての天然酢です。

中国産の黒酢で本格中華の味が楽しめる

身近になった外国産の酢も、変化球として楽しむとより味の世界が広がると思います。

中国産の濃い褐色の黒酢（鎮江香醋）。これは、江戸時代に中国から鹿児島に伝わった日本でいう黒酢とは別もの。日本の黒酢は米酢の一種ですが、中国産の黒酢はもち米を原料として長期熟成させたもので香りもコクも濃厚。

酢豚や炒め物の味つけ、酢の物やサラダのドレッシング、餃子や焼売のつけだれに使うと、家庭で本格中華の味が楽しめます。焼きそばやビーフンに適量かけるだけでもうまみやコクがずい分違います。

ワインビネガーやバルサミコで味の世界を広げる

ワインビネガーはワインと同様に赤と白があります。素材によって肉には赤ワインビネガー、魚介に白ワインビネガーと使い分けるのが一般的。酸味とさわやかな香りが特徴ですから、ときにはフレンチやイタリアンのドレッシングやマリネなどに使ってみてください。鶏肉のソテーの仕上げなどにも赤ワインビネガーをふり、火を強めて酸味をとばせば、コクは出るのにさっぱりした風味が味わえます。

バルサミコは黒褐色で、酸味、香り、甘みを併せ持ったうまみの濃い調味料。甘みのある年代ものは高価ですが、肉のソテーや煮込みの最後に加え、軽く加熱すると抜群に肉のうまみが引き出されます。フルーツやアイスクリームにそのままかけてもよく、オリーブオイルと合わせてドレッシングにも。

油

良質の油を適度にとることがとても大事

油はとりかたで美容上の味方に

油をとると、「太る」、「血液がドロドロになる」などと思っていませんか。確かにとり過ぎは禁物ですが、「絶対とらない！」というのも大間違い。

油は体を動かすのに必要なエネルギー源ですし、油が不足すると免疫力が落ちて健康が損なわれたり、肌がかさついてつやがなくなったりと、美容上のダメージも大きいそう。そうなるとことさら、「きちんと作られた良質の油を適量」とることが大切になります。

オリーブオイル、ごま油、サラダ油が三本柱

我が家で日常的に使う油は次の3種類です。

（1）**オリーブオイル**＝我が家でいちばん出番の多い食用油。オリーブオイルは単なる油ではなくおいしい調味料の役目も果たします。パスタはもちろん、肉や魚介、野菜をとにかくおいしくしてくれます。私は家があるウンブリア州でとれる「MARFUGA」★のエキストラ・バージン・オリーブオイルを愛用しています。毎年、「今年の味はどうかしら？」と新オイルの時期をワクワクしながら待って……。そのフレッシュな香りとコク、美しいグリーンは、まさにオリーブの実のジュースのよう。イタリア料理を食べて胃がもたれるのは、不良なオイルのせい。おいしくてさっぱりしたイタリアンを味わいたけ

れば、まず良質なオリーブオイルを使うこと。

（2）**ごま油**＝ごまの種子から絞った香りの高い油。これも大好きで、和風の炒め物や中華料理によく登場します。昔ながらの圧搾法で絞った国産の「玉締ごま油」（★小野田製油所）を使っています。この油で作った炒め物は、上品な香りとうまみでつい食が進んでしまいます。天ぷらなどの揚げ油として使っても仕上りの風味が増します。

（3）**サラダ油**＝油というとオリーブオイルやごま油を使うことが多いのですが、どちらも独特の風味が持ち味なので、ときにはくせのない精製した植物油のサラダ油（紅花油、菜種油、コーン油など）も使います。一般的にはサラダ油というと菜種油と大豆油を混ぜたものが多いようですので原材料をよくチェックして買いましょう。

以上のように手間をかけて作られた良質な油は、値段もそれなりに高価です。けれど、やっぱり健全に作られたものがおすすめ。安価なものは手間のかかる搾油法を避けてコストダウンするのだとか。それでは体内に悪い成分が残り、過酸化脂質を増やすので、油こそぜひ上等なものを。

油は加熱しすぎると早く傷む

オリーブオイルもごま油もその香りや風味が身上ですから、油はあまり高温に加熱しないこと。煙が出るほど加熱すると油は劣化します。鍋を空焼きして高温にしてから油を入れるのがコツですが、油自体は高温にしすぎないのもコツ。

また、油は酸化しやすく、空気に触れたり光に当たると傷みます。開封後はしっかり密閉し、冷暗所に保管して、なるべく早く使いきりましょう。

第2章

野菜編

身近な野菜をもっとおいしくいただく

いつも頭のどこかで「野菜を食べなくちゃ!」とか「肉や魚よりもまず、野菜が食べたい!」と思っている人は、じつは意外なくらい多いのでは。

それがまた、忙しくて余裕がないときほど、からだは野菜を食べたがります。そこでついつい、いつもの野菜料理が食卓へ。今日も明日もと続くとからだが求めているとはいえ、家族の「またこれ……」という視線を浴びることになったりして。

野菜は本来、切り方をひとつ違えるだけでもガラリとイメージを変えることのできる、とても魅力的な素材です。

たとえば、きゅうり、キャベツ、セロリ、にんじん。見慣れたなんでもない野菜。どれも細いせん切りにして軽く混ぜます。忙しければ、スライサーで。これを氷水でシャキッとさせ、こんもりと皿に盛ります。ドレッシングはお好みで。これだけでサラダの表情が変わります。いつもの野菜の歯触りも違います。ドレッシングのきき方さえ変化します。

ここでは野菜好きの私が、いつもの野菜をよりおいしく味わうために考えた、扱い方やレシピをご紹介しましょう。みなさんの食卓をよりフレッシュにするヒントになることを願って。

A 身近な野菜は助けの神。新鮮レシピを増やして

にんじん、じゃがいも、玉ねぎ、この三つの素材からどんなメニューが思い浮かびますか。もっとも一般的なのが、カレーとかシチュー。このように顔をそろえれば、食卓の主役にもなり得る野菜トリオ。それぞれを別々に考えてみると、どうなるでしょう。

じゃがいもだったら、肉じゃが、コロッケ、ポテトサラダ……。次々にメニューが浮かぶと思います。でも、にんじんや玉ねぎについては、みなさん「う〜ん」と考えた末、出てくるのがにんじんサラダ、キャロットグラッセ、オニオンスライス、といったところでは。どれも副菜風の料理でメイン料理にはなりにくい。日持ちするいつもの野菜だからこそ、もっとしっかりした料理にならないかしらと、じつは思っていました。シンプルに、素材そのもののおいしさを味わいながらも、主菜になり得る料理ができないものかと。

こうして工夫しているうちにどんどん増えたうちのレシピ。身近な野菜ほど料理のレパートリーをたくさん持っていると、忙しいときに救われます。

にんじん

おいしいにんじんならメイン料理にもなる

にんじんはものによって味の差が大きい

カレーやシチューなどの料理にはなくてはならない存在であるにもかかわらず、意外に料理のバリエーションがないのがにんじん。それはあの独特のにおいや香りのせいかもしれません。じつは、にんじんはものによってかなり味の差があるのです。良いにんじんを選び、独自のにおいや香りを最高の魅力に変える、それがおいしくにんじんを料理するコツなのです。にんじんはそれだけでは華やかな料理になりにくい野菜と考えられがちですが、おいしいものを選べば充分に立派な一皿料理になります。

　私は、肌の赤みが鮮やかで重みがあり、茎のつけ根の切り口の部分が細いものを選びます。つけ根が細いものほど芯の部分が細く、甘みもあります。

　もっとも確かな野菜選びの方法は、まず生で食べてみること。切ってみてしっかり芯の部分まで赤く、にんじんならではの香りが甘く、おいしく感じられるものなら、どのように調理してもおいしい料理ができます。

にんじんだけの料理のおいしさに驚く

おいしいにんじんが手に入ったら、ごくシンプルに料理し、本来の甘みや香りを存分に味わいたい。

　ぜひともみなさんに試していただきたいのが、〈にんじんの丸焼き〉photo p.33です。これを食べたらにんじんをきらいという人はいなくなるのでは。

　にんじんはよく洗い、皮つきのまま鉄製のフライパン（なければ天板にアルミホイルを敷く）に入れ、210～220度のオーブンで焦げ目がつくまで焼きます。串がスッと通ればでき上がり。1.5センチ厚さの輪切りにして器に盛り、塩、こしょうをふり、オリーブオイルをたっぷりかけていただきます。オレガノやバジルなど、好みのドライハーブをかけても。たったこれだけの料理です。

　大皿に盛ってお客さまにお出しすると、「これはにんじんですか?」と必ず聞かれます。そして「にんじんって、こんなにおいしいものなんですね」とも……。

《にんじんだけのポタージュ》もいいです。このスープは一杯でにんじん1本が難なくとれてしまう優れもの。胃にものどにも優しいスープです。

にんじんだけのポタージュ

にんじんだけのポタージュ

材料（2人分）
にんじん…2本　玉ねぎ…½個　水またはスープ…適量　生クリーム…½カップ（なければバターでも）
塩・こしょう…各少々

作り方
❶にんじんはぶつ切り、玉ねぎは薄切りにする。
❷鍋に①の野菜と水またはスープをひたひた程度に注ぎ、野菜がやわらかくなるまで煮る。
❸粗熱がとれたら②をミキサーにかける。
❹再び火にかけ、塩、こしょうで味をととのえ、最後に生クリームを加えて混ぜる。
★水の代わりに鶏のスープ（230ページ）や野菜スープ（235ページ）を使えばベター。
★ハンドミキサー（バーミックスなど）を使い、鍋の中で直接材料をつぶせば、ひと手間省ける。

にんじんの丸焼き
レシピ　p32

玉ねぎを焼くときは、鉄製のフライパンごとオーブンに入れると、皮つきでもよく火が通る。

p48 参照

焼き玉ねぎ

レシピ p48

2

1

3

1 キャベツの葉の間にベーコンと肉をはさむ。

2 鍋に竹の皮をしき、しばったキャベツを置く。

3 煮上がったキャベツは竹の皮の上で切る。

キャベツの肉詰め煮
レシピ p57

白菜の扱い方

白菜は根元に切り目を入れ、手でバリバリと裂く。
p59 参照

薄い葉の部分と厚みのある芯の部分は切り方を変える。
p60 参照

白菜にカップ1杯程度の水を加えて蒸し煮にする。
p63 参照

豚肉入り白菜鍋
レシピ p63

いろいろ豆のシロップ漬け
レシピ p79

豆クリーム
レシピ p79

ゆでた豆は小分けにし、ゆで汁とともに冷凍保存する。
p73 参照

大根と鶏手羽先のこってり煮
レシピ p85

じゃがいも

「ゆでる」「蒸す」がいちばんおいしい

じゃがいもの種類によって料理を選ぶ

じゃがいもは種類によって味や食感が違います。上手にその特徴を生かした料理にするのが、賢い使い方といえるでしょう。

ゴロンと丸く、ところどころにへこんだ芽のあるのがおなじみの〝男爵〟。川田男爵が導入したのが名前の由来だそう。ほくほくとした食感を生かして、粉ふきいもやポテトサラダ、コロッケなどにするとおいしく、マッシュポテトにもぴったり。

細長く凹凸の少ないのが〝メイクイーン〟で、関西ではこれがよく使われています。ねっとりとした食感で煮くずれしにくいので、カレー、シチューなどの煮込みや炒め物に向いています。

最近では、甘みが強くて女性に人気の〝インカのめざめ〟や火の通りがよくホクホクの〝キタアカリ〟などの新品種も人気で、焼きポテトなどの調理にはとても合います。

春先に出回る新じゃがは小粒で皮が薄く、水分を多く含んでいるのが特徴。その愛らしい形を生かし、コロンとしたバター炒めや皮ごとの揚げ物にすると、目先の変わったじゃがいも料理に。

意外なようですが、じゃがいもにはビタミンCが豊富に含まれます。一般的にビタミンCは熱に弱いといわれますが、じゃがいものビタミンCは熱に強く、加熱しても損なわれにくいのだとか。

日持ちする野菜ですが、芽の出たもの、表面が緑色がかったものは味が落ちるので、選ばないで。

皮をむいたらすぐ水につける

じゃがいもの皮をむくときは包丁でまず一周ぐるりとむき、残った部分を同方向にむいていくと早くむけます。凸凹の少ないメイクイーンならピーラー（皮むき器）もおすすめ。

次に芽を除きます。芽の部分には有害物質が含まれているので、包丁の刃元やピーラーの出っ張りの部分を使って、深めにえぐり取ります。

じゃがいもにはあくがあり、切ったままでおくと空気に触れ、黒ずんできます。皮をむいたり切ったりしたら、そのつど水につけ、なるべく空気に触れないようにしましょう。かぶるくらいの水につけ、5～10分おくとあくが抜け、表面のでんぷん質もとれます。このあと、軽く水で流せばもうすっきり。調理してもべたつかず、きれいに仕上がります。

手早く料理するなら生かフライパン焼きに

皮をむいたじゃがいもはごく細いせん切りにすると、どの種類でも生でおいしくいただけます。そんなときは、スライサーを使うとあっという間。

細いせん切りにしたら、すぐ氷水にパッとはなちます。でんぷん質を洗い流してべたつきを取り、氷水でシャキッとさせるのが命。これに三杯酢をかければ、《細切りじゃがいもの三杯酢》のでき上がり。

じゃがいもを皮つきのまま1センチ程度の厚さに切り、フライパン焼きにしてもおいしい。ポイントは両面がカリッとするまで、弱火でじっくり焼くこと。ほかの野菜も加えて焼いた《ポテトとかぶのフライパン焼き》はワインやビールにもぴったり。

細切りじゃがいもの三杯酢

材料（2人分）

じゃがいも…2個（200g）　削り節…少々　三杯酢〔酢…大さじ2　しょうゆ…大さじ½　みりん…大さじ½　塩…少々〕

作り方

❶ じゃがいもは皮をむき、スライサーなどで細いせん切りにして氷水にさらす。

❷ 水を2〜3回替えて①をよく洗い、水けをきって器に盛る。

❸ 小鍋にみりんを煮立て、酢、しょうゆ、塩を加え混ぜてさます。

❹ ②の細切りじゃがいもに削り節をふりかけ、③の三杯酢をかける。

ポテトとかぶのフライパン焼き

材料（2人分）

じゃがいも…小2個　かぶ…1〜2個　バターまたはオリーブオイル…大さじ2弱　ローズマリーまたはセージ…2枝　塩・こしょう・バルサミコ（甘みのある年代もの）…各少々

作り方

❶ じゃがいもとかぶはよく洗い、皮つきのまま1〜1.5cm厚さに切る。

❷ フライパンにバターまたはオリーブオイルを溶かし、①を並べて弱火で両面を焼く。あればローズマリーまたはセージを散らして焼くと香りがよい。

❸ 器にじゃがいもとかぶを盛り、ハーブを飾る。

❹ じゃがいもとかぶに塩、こしょうをふり、かぶにはあればバルサミコ少々もふる。

★かぶの代わりに、にんじんやれんこんでもよい。

ゆでるか蒸すかしておけば、即使える

じゃがいもをホクッと上手にゆでられますか。実はフランスやイタリアのコックさんも修業の始めに「じゃがいもをゆでる」という作業をやらされます。これはプロへの第一歩なのです。

じゃがいもはよく洗い、皮つきのまま鍋に入れます。かぶるぐらいの水を注ぎ、水からゆで始めます。沸かした湯に入れると皮が破裂して水っぽくなってしまうからです。

途中、決して強火にせずに最後まで弱めの火で、表面がゆらゆらと揺れるぐらいの状態のまま竹串がスッと通るくらいまでゆでます。

こうしてゆでたじゃがいもは皮でいい具合にうまみが閉じ込められ、ホックリとじつにおいしい。蒸すときは皮つきで、こちらは強火で蒸します。

男爵いもは結局、ゆでるか蒸したものがいちばんおいしいと思います。ゆでたじゃがいもはそのまま割って、塩とバターでおなじみの〈じゃがバター〉に。あるいは皮をむき、鍋で空いりして〈粉ふきいも〉にと、まずはシンプルに調理。

蒸したじゃがいもは皮つきのまま切り、バターかオリーブオイルを敷いたフライパンで、ヘラなどで押さえながらカリッと〈焼きポテト〉にしてもいい。蒸したいもを手で軽くつぶし、オリーブオイルと塩をかけたものもおいしいです。

多めにゆでたり蒸したりし、残ったじゃがいもを冷蔵保存すれば、すぐ使えて重宝します。ご飯が少し足りないときのご飯代わりにもなります。

ココットにつぶしたポテトとモッツァレラチーズを詰め、器ごと重ねて冷凍しておけば食べたいときに〈ポテトのオーブン焼き〉がすぐ焼けます。

まずシンプル料理を覚えてから応用料理を

厚手の鍋さえあれば、材料を鍋に入れて火にかけるだけ。ほうっておいても、ちゃんとおいしくできるのが《じゃがいもと豚肉の鍋蒸し焼き》です。

また、じゃがいもは揚げてもおいしさ満点。その代表格の〈フライドポテト〉は、くし形などに切り、5分ほど塩ゆでしてから揚げるのがコツ。すると、中はホクホク、外はカリカリで、なくなるのが早いこと。揚げ油はオリーブオイルで。なければ上質の油を使用することも大切な条件です。

以上のように、きちんとした下処理やシンプルな調理法さえしっかり押えておけば、あとはじゃがいもの三杯酢にセロリを、粉ふきいもにベーコンをとほかの素材を加えていけばいいのです。応用力を存分に働かせ、お得意レシピを増やしてください。

じゃがいもと豚肉の鍋蒸し焼き

材料（4人分）

じゃがいも…4個　豚肩ロース肉（トンカツ用）…2枚　ローズマリー…3〜4本　にんにく（たたきつぶす）…3片分　オリーブオイル…大さじ1　塩・こしょう…各適量　スープ（235ページの野菜スープなど）…1カップ

作り方

❶じゃがいもは皮をむき、2cm厚さの輪切りにして水にさらす。豚肉は1枚を3〜4等分にし、塩、こしょう各少々をまぶす。

❷厚手の鍋にオリーブオイルを敷き、じゃがいもと豚肉を鍋底全体に交互に並べる。軽く塩、こしょうをし、にんにくとローズマリーの葉をしごいてのせる。

❸スープを加え、ぴっちりふたをして火にかけ、煮立ったら中火弱で30〜40分蒸し焼きにする。

★肉は豚肉に限らず、鶏もも肉やラムチョップなどでも合う。

★ハーブはタイムやローリエでもよく、生がなければドライハーブでもよい。

玉ねぎ——料理のうまみをアップさせる味の出る野菜

玉ねぎと新玉ねぎは特徴を生かして使い分ける

ふつう玉ねぎというと、皮が茶色の黄《き》玉ねぎのこと。皮がよく乾いていて、押してかたいものを選びましょう。頭から緑色の芽がのぞいたものや触ってみてぶかぶかしているものは避けます。私は木箱に黄玉ねぎとじゃがいもを入れ、冷暗所に置いています。こうすると長くもちますが、密閉した箱やビニール袋などに入れっぱなしにしておくと腐りやすいので、空気が通る場所に保存することが肝心です。

春には黄玉ねぎを若いうちに収穫した新玉ねぎが出回ります。白く、やや平たい形をしています。まだ、水分を多く含んでいるのでやわらかく肉厚で、辛みも少なく、甘みがあります。新玉ねぎはこのフレッシュさを生かして、サラダやマリネ、あえ物など、生食で味わいたいもの。ただし、水けが多い分、傷みやすいので早めに使いきること。

切り分けてサッと煮たり、炒めてもおいしく、黄玉ねぎより短時間で火が通ります。

涙が出ないように使うには

まず茶色の薄皮をむきますが、乾燥した皮は意外にむきにくいもの。そんなときは、皮つきのまま、丸ごとしばらく水につけておきます。こうすると皮が水けを吸うので、するりとむけます。きれいに皮のむけた玉ねぎを切ってゆくわけですが、困ったことに玉ねぎの刺激成分で、涙が止まらなくなってしまうことがよくあります。これは辛みのもとの成分〈硫化アリル〉が含まれるせい。

でも、この成分をあまり悪者扱いしないで。玉ねぎが薬味としてピリッとしているのもこの成分のおかげですし、豚肉などに多いビタミンB_1の吸収をアップさせてくれるのも、この成分があってこそとか。涙腺を刺激するこの成分は水溶性なので、水につければ刺激が少なくなります。縦半分に切り、「水につけながら」を合言葉に。また、切れない包丁を使うと玉ねぎの繊維がつぶれてより涙が出るので、切れる包丁を使うことです。

玉ねぎを上手にさらす

新玉ねぎのシーズンには、やっぱりこれを生で味わいたい。繊維にそって薄切りし、削り節としょうゆ少々をかければ〈オニオンスライスのおかかがけ〉のでき上がり。また、酢と塩、オリーブオイルにつけておいて、〈新玉ねぎのマリネ〉にしてもおいしいもの。

もちろん、オニオンスライスは黄玉ねぎを薄切りにしてもできます。氷水に5～10分さらして余分な辛みを抜き、水けをしっかりきります。このときボウルに氷水を入れ、同サイズの丸ざるに薄切りの玉ねぎを入れて重ねます。こうしておけば、サッとざるを上げるだけで水がきれ、ひと手間省けます。

さらし玉ねぎと熱湯をかけて色よくもどしたわかめを混ぜ、削り節と酢、しょうゆをかければ、〈わかめと玉ねぎのサラダ〉に。これにグリーンの葉野菜やトマトなどを加えて、ボリュームアップしてもいいし、味変わりのドレッシングでも楽しめます。

薄切りにした玉ねぎではなく、みじん切りにした玉ねぎをサラダやドレッシングに加えてもおいしいもの。この場合もさらし玉ねぎにすると、辛みの程度が穏やかになり、ひと味違います。こちらはオニオンスライスより、少ししっかり辛みを抜きます。

まず、みじん切りにした玉ねぎをさらしのふきんに包み、ボウルに張った水の中でもみ洗い。次に流水の下でも、もみながらギューとふきんを通してぬめりを出します。最後にふきんごとよく絞れば完了。これを輪切りにしたトマトにまぶした〈トマトサラダ〉。塩とレモン汁をかけるだけで充分。やっぱりシンプルはおいしいと実感できるでしょう。

玉ねぎは加熱するとパンチのある味わいになる

玉ねぎは加熱すると、生のときとは全然違うもの——ライトな料理からパンチのあるヘビー級の料理——に変身。お肉がなくても充分満足できる一品になるのです。

まずご紹介したいのが〈玉ねぎだけの丸ごとスープ〉。新玉ねぎだったら最適です。

玉ねぎの皮をむき、丸ごと鍋に入れます。スープ（230ページの鶏のスープや235ページの野菜スープ）をひたひたまで加え、あとは、弱火でひたすらコトコト煮て、塩、こしょうするだけ。スプーンでちぎれるほど柔らかくなったら、最後にパセリのみじん切りをパラリ。玉ねぎの自然の甘さが味わえます。好みでベーコンを入れて煮てもOK。

もうひとつ丸ごとの玉ねぎ料理といえば〈焼き玉ねぎ〉photo p.34。これはイタリアの家で薪《まき》を使った料理のあと、おき火で皮ごと玉ねぎを焼いたらすごくおいしかったことをヒントに生まれました。

玉ねぎを皮のまま、約250度のオーブンで30分ほど焼く、それだけです。皮が黒くなってもOK。

太い箸を刺し、スッと通れば焼き上がり。来客時には人数分の黒い玉ねぎを大皿に盛ってお出しします。皆さんが「なんだろう?」と目をパチパチさせている間に私が取り皿へ。

各自ナイフとフォークで切り分けると、ブワッと湯気が立ち、中からとろとろの黄金色の玉ねぎが出てきます。これをオリーブオイルと塩(好みでバルサミコも)で食べます。赤ワインに合う我が家のメイン料理。感動するくらいのおいしさです。

そうそう、玉ねぎで忘れてならないのはうちの定番《玉ねぎドレッシング》。これは、野菜サラダだけでなくゆでた野菜、肉、魚とすべての素材の料理に合い、味と栄養をグンとアップさせます。たとえばハンバーグや焼いた魚にちょっとかけ、添えた野菜とともにいただく、ゆで卵とあえるなど、いつも大活躍。これで血液もサラサラになるかしら。

玉ねぎドレッシング

材料(作りやすい分量)

玉ねぎ…1/2個　にんにく…1~2片　米酢…1/3~1/2カップ　塩…小さじ1弱　黒粒こしょう…小さじ1　オリーブオイル…1/2カップ

作り方

❶玉ねぎは粗く刻んでおく。

❷保存用のびん(筒形のもの)に材料をすべて入れ、ハンドミキサー(バーミックスなど)で全体がとろりとなるまで攪拌する。

★ハンドミキサーがない場合は玉ねぎをすりおろし、粒こしょうは粗びきに替えて、ボウルの中で材料全部をよく混ぜ、保存用のびんに入れて冷蔵庫に入れておく。

B　丸ごとや泥つきで買うほうがよりおいしい野菜

食生活の個食化が進んで、肉、魚も野菜も小分けにして売られることが多くなりました。新鮮なうちに使いきり、むだを省くという点ではいいのですが、少し行き過ぎにも思えて……。便利さや効率に重きをおくあまり、いろいろな素材が自然本来の姿を失いつつあるのではとちょっと心配です。

本来、それが育ってきた姿、キャベツや白菜なら丸ごと、里いもなら泥つきで買ったほうが、おいしいのが当然です。半分や4等分に切ったものは、切り口が空気に触れる時間が長くなる分、鮮度が落ちます。里いもに至っては、機械で泥を落とし、表面を白くする水につかったものも売られていて、里いも本来のおいしさが感じられません。

でも、「キャベツ丸ごとは、なかなか使いきれないわ」という声も聞こえてきます。それなら、一度にたくさん食べられる料理を考えたらどうでしょう。白菜も同様です。

泥つきの里いものおいしさを知ったら、それ以外の里いもは食べたくなくなりますよ。

キャベツ

丸ごと1個を難なく食べきるには

春キャベツと冬キャベツでは調理法を変える

ふだんよく目にする巻きのかたいキャベツは、形はやや扁平で冬場に甘みを増す冬キャベツ。どっしりとした重厚感があり、葉もしっかりしているので煮込みや鍋物など、火をよく通していただくとおいしくなります。一方、春先から出回る巻きのゆるい春キャベツ（新キャベツ）は、葉が柔らかいのが特徴。春キャベツはこの特徴を生かし、生または生に近い状態でいただくと、素材をいかすおいしさに出会えます。

同じキャベツでも季節によって調理法を変えるのが、賢い使い方といえるでしょう。

冬キャベツは巻きがかたいので、破らずに上手にはがすためには、ちょっとしたコツがあります。

キャベツの外葉1枚を軽く持ち上げ、葉とキャベツ玉の間に勢いよく流水を流し込むと、葉を破らずにはがせます。何枚かはがしたあとは、芯の部分に3枚分くらいずつ切れ目を入れ、同様に流水の勢いを利用して洗いながらはがしていきます。

芯の部分を残り物扱いしないでメイン料理に

キャベツの葉をはがしたあとは、かたい芯の部分をとり除きます。葉の部分と同時に調理すると芯は火の通りが遅くなるから。ですから、葉を切る前に芯をV字にカットします。ロールキャベツのように葉を丸ごと1枚使う場合には、包丁をねかせるようにして、芯の盛り上がった部分を葉の厚みに合わせて平らにそぐようにします。

ところで、この取り除いた芯を、「捨てます！」なんていわないで。芯の部分は栄養価が高いし、甘みもあり、私にとってはお宝みたいな部分です。

ボウルに芯を入れて塩をふり混ぜ、同サイズのボウルを2〜3個乗せて1時間ほどおき、水けをきって酢を注ぎ、スパイスを加えれば、簡単においしい〈キャベツの芯のピクルス〉ができます。

キャベツの芯を食べやすく切ってじゃこか桜えびと混ぜ、〈キャベツの芯のかき揚げ〉にしても美味。パン粉の買いおきがあれば《キャベツの芯のフライ》にしても秀逸です。今まで使い道に困っていたのがウソのよう。どれもキャベツのほんのりと甘いおいしさが楽しめる立派な一皿になります。

キャベツの芯のフライ

材料（2人分）

キャベツの芯と中側の白い部分…½個分　小麦粉・溶き卵・パン粉…各適量　揚げ油…適量　ケチャップ・ソース（好みで）…適量

作り方

❶キャベツの芯と最後に残った中心に近い白い部分は、食べやすく大きめに切る。

❷全体に小麦粉をふってしっかりまぶし、溶き卵、パン粉の順に衣をつける。

❸170度の揚げ油で、パリッときつね色になるまで揚げる。

❹器に盛り、好みでケチャップやソースをつけてどうぞ。

★衣がはがれやすいので、粉と卵は2度づけしても。パン粉は、細かくしたものを使うほうがよりはがれにくい。

以上の二皿、野菜料理のようですが、両方ともたんぱく質（かき揚げはじゃこや桜えび、芯のフライなら卵）が隠れているでしょ。野菜好きの私ですが、肉や魚のないメニューでも、たんぱく質をとることはしっかり考えます。そういうことを心がけていると、食べたいものしか食べなくても、体がきちんとサインを出してくれます。たとえば、玄米にじゃこをのせて食べたくなったり、お肉を食べたあとにはミネラルや乳酸菌などを豊富に含むぬかみそ漬けとか納豆が食べたくなったりします。

話が少しそれましたが、キャベツの芯でいちばんよく作るのが〈キャベツの芯のポタージュ〉。このときは、もっと芯が欲しいと心底思います。

作り方はにんじんだけのポタージュ（32ページ）と同様。芯と玉ねぎの薄切りにスープを加え、材料が柔らかくなるまで煮ます。粗熱がとれたら、ハンドミキサーで材料をつぶし、生クリームを加えます。甘いポタージュができ上がります。芯の量が足りない場合には、残り野菜も入れます。

キャベツの芯は刻んで、せん切りの葉に混ぜたり、汁の実やひき肉種に加えたりする、それでもいいのです。でも私は、こんなおいしい芯を、メイン料理に格上げしてあげたい気分なのです。

せん切りにして塩もみすれば使い方自在

さて、芯についてはこのくらいにして肝心の葉について。キャベツの葉はせん切りにして使うケースがよくあるので、そのコツをお話ししましょう。

まず、トンカツなどにつけ合わせ程度に使う場合。2〜3枚の葉を重ねて丸め、のり巻き形になったところで、端からごく細く切ります。このときは長方形の菜切り包丁か長めの包丁を使います。

次に塩もみに使うときのように、たっぷりとせん切りが欲しい場合。キャベツを4つ割りにし、切り口をふせて置きます。裏側のかたい芯の部分のみ、包丁を斜めに入れて切り取ります。そのまま、大きめの包丁を使って端からザクザクとせん切りにしていきます。

3～4ミリ幅のせん切りにしたキャベツは塩もみすると、いろいろに使い回せます。また、驚くほどかさが減るので、たくさん残ってもけっこう使いきることができます。

まず、せん切りキャベツに、塩少々をふり、両手で混ぜます。水けが出てきたらよく絞り、オリーブオイルと塩、こしょうで調味。新キャベツならこれで充分においしいもの。さらに酢やきゅうりを加えればサラダ風に、玉ねぎとともに塩もみし、《キャベツの酢漬け》にと使い方自由自在。

密閉容器に塩もみしたキャベツの水けを絞って入れ、オリーブオイル、塩、こしょう、好みのスパイスやハーブ類（たとえばカレー粉とフェンネル）を加えて〈キャベツのマリネ〉にしておけば、3～4日は保存もききます。

和風味にしたければ、〈キャベツの漬け物風〉の食べ方で。青じそかしょうがのせん切りと塩もみすれば、しょうゆ少々をかけてすぐいただけますし、ふたの上に重石をして1～2日後にというのもおいしいものです。

やわらかいキャベツはサッと調理する

せん切りや塩もみには、新キャベツや冬キャベツのやわらかい部分（内葉）が適しています。この部分は、ほかににんにく炒めにしたり、手早くゆでてマスタードしょうゆあえにする食べ方もおすすめ。

キャベツの酢漬け

材料（作りやすい分量）

キャベツ…1/2個　玉ねぎ…小1個　塩…野菜の重量の2%　酢・砂糖…2対1または3対1の割合で合わせて大さじ4　キャラウェイシード…少々

作り方

❶玉ねぎは薄切りにし、冷水にさらして水けをきる。

❷キャベツをせん切りにし、①と混ぜてボウルに入れ、塩をふり入れて、手でもんでしばらくおき、水けが出てきたら絞る。

❸ボウルに酢と砂糖をよく混ぜ合わせ、②を入れ、キャラウェイシードを加えて漬け込む。

★ふたつきのびんなどに入れて冷蔵庫で保存。ソーセージや肉料理のつけ合わせに合う常備菜として活躍。

キャベツのにんにく炒め

材料（2人分）

キャベツ…5枚　にんにくの薄切り…2片分　サラダ油…大さじ2　豆板醤…小さじ1　しょうゆ…小さじ2~3

作り方

❶キャベツは4~5cm角に切って冷水につけ、パリッとさせて水けをきる。

❷中華鍋にサラダ油とにんにくの薄切りを入れて中火にかけ、香りが出たら豆板醤を加えて、ツンとくる辛みが出るまで炒める。

❸①のキャベツを加えて強火にし、全体に油がまわったらしょうゆを加え、手早く混ぜてシャキッと仕上げる。

炒めたり、ゆでたりする際の調理のコツは、切ったキャベツをまず5～6分冷水につけること。シンプルに料理するときこそ、このひと手間を省かないでください。青菜や絹さやも同様ですが、調理前の材料にたっぷり水分を含ませておくと、加熱後のパリパリ感や甘みが全然違います。レシピ p.55《キャベツのにんにく炒め》は、最初に豚肉を炒めてからレシピのように炒めれば主菜になりますし、お好みで味つけを変えるなど、あなた風に自在に応用してみてください。

水分を含ませたキャベツをサッとゆでで、オリーブオイル、しょうゆ、マスタードであえた〈キャベツのマスタードしょうゆあえ〉もおいしいもの。キャベツが半端に残ってしまったら、電子レンジにかけてこうしたあえ物にするといいですよ。ひと口大に切ったキャベツ3枚分（150グラム）にラップをし、電子レンジで2～3分加熱します。たれはマスタードに限らず、ごま味や梅味でも。

煮込み料理でキャベツを一気に使う

キャベツの煮込みの代表格といえば、まず《ロールキャベツ》でしょう。ふつうはひき肉種を葉で包んで煮込みますが、私が好きなやり方はちょっと違います。蒸し煮にしたキャベツの葉に、薄切り肉や香味野菜を包んで煮込みます。ひき肉の種よりラクで巻きやすく、味もあっさりしています。

ぜひおすすめしたいのは〈キャベツのスープ煮〉。ベーコンといっしょにひたすら煮るだけの簡単料理です。キャベツの量が驚くほど食べられ、何度食べても飽きない味。シンプルだけど、ベーコンの塩けとうまみがほどよくキャベツにしみ込み、めし上がったみなさん、とても喜んでくださいます。

ロールキャベツ

材料（4人分）

キャベツの葉…12枚　水…1カップ　豚薄切り肉…200g　玉ねぎ（薄切り）…1/2個　セロリ（茎は薄切り）…1本　プチトマト…15個　ローリエ…2枚　スープ…適量　塩・こしょう…各少々

作り方

❶鍋にキャベツと水を入れ、ふたをしてしんなりするまで蒸し煮にする。ざるにあげて水けをきり、芯の部分は平らにそぐ。蒸し汁も捨てずにとっておく。

❷①のキャベツを広げて豚肉をのせ、手前にそぎ取った芯、玉ねぎ、セロリの茎をのせて巻き込む。このとき、ゆるくならないようにぴっちりと包む。

❸鍋に②のキャベツの巻き終わりを下にして、すき間なく並べる。あいたところにプチトマトを加え、セロリの葉、ローリエをのせる。①の蒸し汁を加え、材料がかぶる程度にスープを足し、塩、こしょうをふる。

❹ふたをして煮立ったら、中火弱で30分ほど煮る。最後に味をみて、塩味をととのえ、こしょうをふる。

★スープは野菜スープ（235ページ）などを。

キャベツの肉詰め煮

材料（作りやすい分量）

キャベツ…大1個　水…1〜2カップ　豚肩ロース肉…200g　ベーコン…200g　ローリエ…2〜3枚　塩・黒粒こしょう…各適量　竹の皮（あれば）

作り方

❶キャベツは丸ごと大鍋に入れ、水を加えてふたをし、10分ほど蒸し煮にする。蒸し汁もとっておく。

❷①のキャベツの葉を破らないようにして1枚ずつめくり、豚肉とベーコンを葉の間に均等にはさみ、たこ糸でしばって、もとの形にととのえる。

❸竹の皮をしいた大鍋に②のキャベツを丸ごと入れ、①の蒸し汁を注ぎ、塩で調味し、ローリエ、黒粒こしょうも加える（蒸し汁が少ないときはスープを足す）。

❹ふたをして中火弱で1時間ほど煮る。最後に味をみて、塩味をととのえる。

❺竹の皮ごと器に盛り、たこ糸を切って除き、鍋の汁を注ぐ。竹の皮の上で菜箸と包丁を使って、キャベツを切り分ける。

★あとで取り出しやすいように、鍋に竹の皮を敷いて煮る。

photo　p.35

その作り方。まず、キャベツ半個を芯をつけたまま縦4つ割りにします。ベーコン4枚は長さを2〜3等分します。以上をラフに鍋に入れ、ローリエ1〜2枚、スープ1〜2カップを加え、塩、こしょう各少々をふります。あとはふたをして弱火で、20〜30分コトコト煮るだけ。弱火がポイントです。

　これを進化させて、キャベツ丸ごと1個を煮込んだ《キャベツ《レシピ p.55》の肉詰め煮》。ダイナミックに丸ごと大皿に。切るとキャベツと肉の層が見事で、簡単なわりに目を見張るような豪華さが楽しめます。

　ごわごわとした冬キャベツの外葉も、捨てないで。《ポテトとキャベツのポルトガル風スープ》の最後に入れると、シャキッとした歯応えと美しい緑色が、かえって生きてきます。どの部分にも捨てるところがないキャベツ。その特徴を生かした料理を工夫したいものです。

ポテトとキャベツのポルトガル風スープ

材料（作りやすい分量）

じゃがいも…3個　玉ねぎ…½個　キャベツの外葉…2枚　にんにく（つぶす）…3片　オリーブオイル…大さじ3　水またはスープ…4〜5カップ　塩・こしょう…各適量

作り方

❶ じゃがいもは皮をむき、薄切りにして水にさらす。玉ねぎはみじん切り、キャベツは芯をV字にカットして葉はせん切り、芯は薄切りにする。

❷ 鍋にオリーブオイルを熱し、にんにく、玉ねぎ、じゃがいも、芯を炒めながら入れていく。水またはスープを加えてときどき混ぜ、30〜40分煮る。途中、汁けが少なくなったら水を補う。

❸ 塩、こしょうで味をととのえ、全体がとろりとしてきたら①のキャベツの葉を加え、少しシャキッとしているぐらいの煮えかげんで火を止める。

★ 水の代わりに、野菜スープ（235ページ）を使えばよりベター。

白菜

——部位ごとに、生、炒める、煮るなど調理のしかたを変えて

白菜の外葉、内葉、芯を上手に使い分ける

白菜は本来、日持ちのする野菜です。丸ごと新聞紙に包んで立てて、真冬の寒いところで保存すれば、1か月近くもつのですから。ところが切ったものは、刻一刻と鮮度が落ちてしまうので、一度に使いきるように。

白菜はキャベツ同様、かための外葉、柔らかい内葉、芯の部分でそれぞれ適した使い方があります。

外葉はよく煮込んで用いる煮物や炒め物、冬に最適の鍋物や蒸し物に向いています。内側の黄色い葉は柔らかいので、生のままかサッと仕上げるサラダやあえ物にぴったり。芯の部分は、扱い方しだいで生のままから炒め物、煮物にまで幅広く使えます。それぞれの部位に応じて切り方や使い方を変え、飽きずにおいしく全部を使いきりたいものです。

葉と芯では切り方を変えるのがコツ

白菜を丸ごと1個買ってくると切り分けるのが大変、と思っていませんか。私は根元に深い切れ目を入れ、photo p.36その部分から手で縦に裂くようにして分けます。こうすると、全部を包丁で切り分けるよりずっとラクでくずもでません。その上、このバリバリと裂いていく感じが爽快で、わけもなくスカッとします。4等分にしたいときは、最初に十文字に切れ目を入れておけばいいわけです。

2つ割りや4つ割りにした白菜は切り口をまな板にふせて置き、かたい根元の部分は斜めに包丁を入れて先に切っておくと、葉をはがすのがラク。

丸ごと買ってきたものの、使うのは少しだけというときは、最初から切り分けてしまわないように。葉のつけ根に浅く切れ目を入れ、外葉から順に1枚ずつはがします。残った白菜はまた新聞紙に包んで冷暗所に立てておけば、かなり長くもちます。

photo p.36
はがした葉は芯と葉の部分に分けて切ること。そうしないと煮え方にムラが出てしまいます。緑の葉の部分と厚みのある白い芯の部分では、火の通り方が違うからです。そこで、まずV字にカットして葉と芯に分けます。芯の部分はさらに、包丁をねかせるようにしてそぎ切りにすると、断面が広く、形が薄くなるので、より早く柔らかくなります。

炒め物や煮物なら、先に芯の部分を鍋に入れて火を通し、あとから、葉の部分を入れるといった時間差をつけた調理法で。鍋物なら、葉と芯に分けて大皿やかごに盛って食卓へ。もちろん芯から先に、しばらくして葉を入れて煮ます。

芯も葉も新鮮なうちなら生食または塩もみで

白菜は新鮮であれば、生でいただくと自然の甘みと独特の食感がおいしいもの。わりとビタミンCが多く、さらにカルシウムや鉄などのミネラル分もある野菜ですから、本当は生食のほうが栄養効率もよいはずです。生なら、まずサラダでしょう。

V字にカットした芯の部分は4~5センチ長さに切ったあと、縦に細く切るとシャキシャキの歯触り。同様に細切りにしたりんごと合わせ、ごま油、しょうゆ、粗びき黒こしょうをふっただけの〈白菜の芯とりんごのサラダ〉。冬の少しヘビーな料理の合間にいただくとからだが生き返るよう。

ほかに芯の料理でおすすめなのが、だしの出る材料といっしょに炒めたり煮たりする方法。干し蝦《えび》や干ししいたけなどの乾物といっしょに料理する《白菜の芯と干し蝦の炒め煮》は、白菜の芯がごちそうになります。乾物の深みのあるうまみがしみ込んで、コクのある味わい。干し蝦の戻し汁も捨てずに使って炒め煮にします。途中、白菜から水分が出るのでとろみをつけ、煮汁のうまみを芯全体にからませるのがコツ。葉も炒めるときに時間差で加えてもいいのです。

白菜の内葉は柔らかくいちばん栄養のある部分なので、新鮮なら生で食べるサラダに向いています。このときは包丁を使わず、大きめのひと口大にバリバリと手でちぎると、包丁で切るより味がよくしみ込みます。これに作りおきの玉ねぎドレッシング

白菜の芯と干し蝦の炒め煮

材料（4人分）

白菜の芯…8枚分　干し蝦…大さじ1　干ししいたけ…1枚　にんにく・しょうが（みじん切り）…各1片分　ごま油…大さじ2　A｛干し蝦の戻し汁…½カップ　酒・しょうゆ…各大さじ1　塩・こしょう…各少々｝　片栗粉…小さじ1½

作り方

❶ 干し蝦と干ししいたけは充分に戻して（237ページ）みじん切りにし、白菜の芯は1㎝幅の短冊切りにする。干し蝦の戻し汁はとっておく。

❷ 中華鍋にごま油を熱し、①の乾物とにんにく、しょうがのみじん切りを入れて炒め、香りが立ったら①の白菜の芯も加えてさらに炒める。

❸ Aの材料を加えてふたをし、3〜4分煮る。

❹ 白菜の芯が柔らかくなったら、倍量の水で溶いた片栗粉を加えて1〜2分煮立て全体にとろみをつける。

（49ページ）をかけたらあっというまに一品完成。

使いきれなかった白菜。ラップをかけただけで冷蔵庫に、なんてことをしていませんか。冷蔵庫に入れる前にちょっとだけ手をかけておきましょう。

たとえば、丸ごとの白菜を購入したら半分を鍋物に、あとの半分はその日のうちにひと口大に切り、パラリと塩（白菜の重量の2パーセント）を——ここまでしておきます。もし、鍋物の白菜が残ったら加えてもいいし、捨ててしまいがちなごわごわした外葉も同様に切って加えましょう。全体を軽く混ぜ、冷蔵庫で一晩おきます。

塩をしたあとは揉まなくても、翌日になると水けが出ているので、両手でギューと絞って使います。この白菜が思いのほか重宝するのです。これを浅漬け風におかかじょうゆでさっぱりと、またもめんの具にしたり、酢と砂糖を2対1の割合の甘酢漬けにしたり……。味に変化をつけると新たなおいしさに出会い、飽きません。しばらくもたせたかったら、重石をしておくと本格漬け物風の味になってきます。

先の塩もみを半分はそのまま味わい、もう半分は炒め物にするのが私流。ほどよく塩けがきいていておいしく、たくさん食べられます。油揚げか豚肉も加えて炒めれば、堂々の主菜にもなります。

白菜料理の醍醐味は加熱した白菜の甘さにある

生食や塩もみの白菜もおいしいものですが、やっぱり冬の白菜の醍醐味はよく煮込んだ、あの甘い味わい。充分に加熱すると、自分でもびっくりするくらいの量を平らげてしまいます。

シンプルですが、そんな風に白菜がいっぱい食べられるのが蒸し煮。前述したように、芯の部分に十文字の切れ目を入れて両手でバリバリッと4つに裂きます。これを大鍋に寝かせて入れ、カップ1杯のphoto p.36水を加えて火にかけます。

「丸ごとの白菜に対して、水の量が少なくありませ ん?」と聞かれることもありますが、大丈夫。白菜からも水分が出るので、充分しんなりします。

　鍋のふたをして15～20分ほどででき上がるので、ざるにあけて水けをきり、バットに移して熱いうちに酢をかけます。切り分けた1株に対して、大さじ2杯くらいの酢を。この〈酢白菜〉は、白菜が熱いうちに酢をかけるのがコツ。白菜の熱で酸味がとんでとんがったすっぱさがなくなります。軽く水けをきり、食べやすく切り分けて器へ。これに辛子じょうゆをつけていただくと、おいしくて一人で白菜4分の1個くらいいただけます。また、蒸し煮にした白菜と豚肉、しょうがを、土鍋でコトコトと煮込んだ《豚肉入り白菜鍋》は、寒くなると必ず作る、我

豚肉入り白菜鍋

材料（作りやすい分量）

白菜…1個　豚バラ薄切り肉…300～400g　しょうが（せん切り）…大3片分　塩・黒こしょう・水またはスープ…各適量　酒…大さじ2

作り方

❶ 白菜は縦4～6つ割りにし、上記の要領で大鍋にカップ1杯の水を入れて蒸し煮にし、粗熱がとれたら5～6cm長さに切る。ゆで汁はとっておき、豚肉は3～4cm長さに切る。

❷ 土鍋に①の白菜を並べ、豚肉をのせ、しょうが、塩、黒こしょうをふる。これを3回ほどくりかえして重ね、最後（いちばん上）は白菜にする。

❸ 残しておいたゆで汁と酒、水またはスープをひたひたになるまで注ぎ、火にかける。

❹ 煮立ったらあくを取り、弱火で40分ほど煮て、仕上げに多めに黒こしょうを挽く。

photo p.37

が家の定番料理です。最後に挽きたての黒こしょうをたっぷり。これが決め手です。

もっと時間をかけずに蒸し煮にした白菜を味わいたいのなら、《白菜の煮浸し》をどうぞ。和風のかつおだしのうまみがじんわりとしみた白菜です。

洋風の料理でおすすめは、56～58ページでご紹介したキャベツのスープ煮のキャベツを白菜に変えた〈白菜のスープ煮〉。キャベツと同じようにベーコンと煮込むだけ。ベーコンをハムにし、スープに牛乳をプラスしてとろみをつけたのが《白菜とハムのスープ煮》。白菜と牛乳の相性は抜群です。

忙しいときでもサッとでき、その香りが病みつきになるのが《白菜のカレー風味炒め》。カレー粉と焼けたしょうゆの香りがいいにおい。芯はそぎ切りにし、葉と時間差で加熱することを忘れずに炒めてください。

白菜の煮浸し

材料（2人分）

白菜…1/4個　しめじ…1パック　かつお節のだし汁（または昆布とかつお節のだし汁）…3カップ　塩…小さじ1　しょうゆ・酒…各少々　ゆずの皮（あれば）…適量

作り方

❶ 白菜は1枚ずつはがして鍋に並べ、水を少し入れてふたをし、蒸し煮にする。粗熱がとれたら5㎝長さに切る。しめじは小房に分ける。

❷ 鍋に①の白菜としめじを入れ、だし汁と塩、しょうゆ、酒を入れて、中火弱で20分ほど煮る。

❸ 器に盛り、あればゆずの皮を飾る。

白菜とハムのスープ煮

材料（2～3人分）

白菜…1/6個　ボンレスハム…3枚　スープ…3カップ
牛乳…1カップ　コーンスターチ…大さじ1½　塩・こしょう…各適量

作り方

❶白菜は1枚ずつはがす。芯はV字にカットしてそぎ切りにし、葉の部分はざく切りにする。ハムはひと口大に切る。

❷鍋にスープを入れて火にかけ、①の芯を加えて5分ほど煮る。芯が少し柔らかくなったら、葉とハムを入れて7～8分煮る。

❸牛乳を加えてひと煮立ちさせ、塩、こしょうで味をととのえる。最後に倍量（大さじ3）の水で溶いたコーンスターチを回し入れ、とろみをつける。

★スープは鶏のスープ（230ページ）や野菜スープ（235ページ）がおすすめ。

白菜のカレー風味炒め

材料（2～3人分）

白菜…3枚　豚バラ薄切り肉…100g　にんにく（薄切り）…1片　サラダ油…大さじ2　カレー粉…小さじ2　しょうゆ…大さじ2

作り方

❶白菜の芯はV字にカットしてそぎ切り、葉はざく切りにする。豚肉は3㎝長さに切る。

❷中華鍋にサラダ油を熱し、①の豚肉とにんにくを入れ、カリッとするまで炒める。ここへ白菜の芯の部分を入れて炒め、全体に油がまわったら葉を入れて炒める。

❸カレー粉をふり入れ、鍋肌からしょうゆを回し入れ、手早く全体を炒め合わせる。

★豚肉がカリカリになるまで炒め、その脂で白菜を炒めるのがポイント。葉を加えたあとは手早く仕上げること。

里いも

泥つきの里いものおいしさを知ったら

里いも料理には泥つきの里いもがほしい

里いもの原産地はインド東部からインドシナ半島といわれ、もともと熱帯雨林育ちです。ヨーロッパでは生育しない野菜で、独特のねっとり感や甘みは、暑くて湿気のあるアジア圏特有のもの。

最近はよく泥をのぞいた里いもを店頭で見かけますが、この状態で置かれたものは表面がかたくなり、味も落ちます。やはり泥つきの里いもに勝るものはないと思います。

皮がほぼ乾いてからむくとラク

皮をむくのが苦手という人が多いのは、つるつるしてむきにくく、手がかゆくなることがあるからでしょう。でも、半乾きにしてからむけば大丈夫。

里いもを料理しようと思ったら、前もって早めにタワシで泥を落としておきます。いもを少し水につけておいてからこするとよく落ちます。ざるに広げて干し、皮がほぼ乾いてからむくとぬめりも出にくく、手もかゆくなりません。

里いもの皮はまず上下を切ってから、縦に何回かむく方法が一般的。小いもの場合は小さめの包丁で、皮をこそげるようにむきます。

多少のあくは味のうち

皮をむいたあとは表面のぬめりを落とします。これを怠ると加熱した際、ぬめりで煮汁がとろっとしてしまうし、ぬめりがあると味の含みも悪いから。

ぬめりを落とすには、ふつうは塩でもんで洗うとか、料理する前に一度ゆでこぼすなどといわれています。でも私は、そうはしません。塩もみも下ゆでもいっさいなし。かたく絞ったさらしのふきんかペーパータオルに包んで、表面をキュッキュッとふくだけです。こうしておけば料理をするまで少しおいても色は変わらないし、煮ている間にとろみが出てきて味つけの邪魔をするということもありません。だし汁で煮ている間に少しあくが出てくるかもしれません。出てきたらそのあくを除けばいいのです。あくも味のうち、私はそう思っています。

最近では品種改良のせいか、あくも苦みもない野菜が多過ぎると思います。あくがあったり、ほろ苦さを感じるところに、野菜の個性があるわけで、反対にそれがなくなってしまったら野菜の魅力が半減してしまいます。ですから、私は里いものぬめりを取ることも、極力最小限に止めるようにしています。あとで知ったことですが、里いものぬめりには薬効もあるのだとか。マイナスに考えられることこそ、じつは本当の力だったりするのです。

ごまあえや煮物にして懐かしさを味わう

里いも料理というと、まずは小いもを皮のまま蒸した〈きぬかつぎ〉。皮をむいてシンプルな味付け（塩あるいはみそなどを少々）でいただくと、里いも本来のおいしさが実感できます。同様に〈里いもの丸焼き〉もシンプルなおいしさが魅力。泥を落として水けを除いた里いもを、２２０度のオーブンで皮ごと焼くだけ。里いもの大きさにより25〜40分、串がスッと刺されればでき上がり。あとは、オリーブオイルと塩で。にんじんの丸焼き（31〜32ページ）や焼き玉ねぎ（48ページ）と同じです。

中くらいの里いもをよく洗い、強火で皮ごと15分くらい蒸し、ごまみそであえた〈里いものごまみそあえ〉も旬を待って作る料理です。

ごまみそは半ずりのごま、練りごま、みそ、砂糖をほぼ同量ずつ合わせて好みの味にととのえ、水を少し加えて混ぜ、あえやすいかたさに調節すればOKです。

子ども時代の私は、台所に立つ母の横でひたすら味見役をしていました。たっぷりのだし汁で煮て薄味に仕上げた《里いもの煮物》は、当時の母の思い出につながる懐かしい味です。

カロリーが高いと敬遠されがちないも類ですが、里いものカロリーはさつまいもの半分以下。いも類の中ではいちばんの低エネルギー食品です。

里いもの煮物

材料（作りやすい分量）

里いも…15個（約1kg）　昆布とかつお節のだし汁…5½カップ　しょうゆ…小さじ1　塩…小さじ1⅔

酒…大さじ3　ゆずの皮（あれば）…適量

作り方

❶ 泥つきの里いもはタワシで洗い、ほぼ乾いたら皮をむき、表面のぬめりをふき取る。

❷ 鍋にだし汁を入れて火にかけ、①の里いもを入れ、塩、しょうゆ、酒を加えて煮始める。わずかに煮汁が煮立つ程度の中火弱の火かげんで、里いもに竹串がスッと通るようになるまで煮る。

❸ 煮汁ごと器に盛り、あればゆずの皮のせん切りを飾る。

★ この煮物は落としぶたが不要なほどたっぷりのだし汁で、コトコトと気長に煮る。小いもの皮をこそげ取るのが大変な場合は、一度サッと蒸すとむきやすい。

C からだをきれいにする豆類や根菜

たとえば冷蔵庫を想像してください。定期的に大掃除をしないと、中のものが取り出しにくかったり、冷えなかったり。さらには奥に入ってしまったものが、どんどん古くなったりします。

お腹の中もこれと同じ。古い食物が溜まったままでは、からだはしんからすっきりしません。それどころか、老化を早める原因にもなります。

まずは、冷蔵庫と同じように、お腹の中も大掃除しましょう。古いものを出してすっきりさせれば、動きもなんだか軽くなり、お腹も空いてくるはず。そのために、食物繊維を含んだ食物をからだは欲しがっています。

大根、ごぼう、れんこんなどの根菜、豆類などの乾物が、からだを気持ちよくしてくれる食品。私はもともと豆類や根菜が大好きです。それらをふんだんに使った食事から、毎日の元気をもらっているのかもしれません。

乾燥豆

一度にゆでて、つねにストックしておく

外国には甘い煮豆はない？

豆はもともと好きでしたが、イタリアで暮らすようになってからは、食卓に登場する回数が増えました。ヨーロッパでは豆はとても大事にされ、暮らしに豆文化とでもいえるものが根づいています。

イタリアでも豆の種類は豊富にあり、粉にしたものも売っています。それで豆の粉のクッキーやパスタも作るのです。レストランに行けば、豆のスープ、豆のパスタ、豆のマリネ、豆のサラダなど、幅広いラインアップが。豆のおいしさを熟知しているばかりでなく、「私たちは昔から豆を食べている」という誇りさえ感じられるのです。

日本の煮豆の甘さもいいけれど、それだけではない豆のおいしさ、料理の広がりを知ることができたのは、まさにこの豆文化のおかげなのです。私はイタリアや中東の国々から甘く仕上げない豆料理をたくさん学びました。でも、イタリアに限らず、外国で「日本では豆を甘く煮るんですよ」というと、みんなとてもびっくりします。

栄養たっぷりの豆をまとめてゆでておく

「ジャックと豆の木」のお話ではありませんが、豆の伸びていく力というのはすごいもの。豆類には芽を出す力、つまり生命力が秘められているのです。その生命力を丸ごといただくわけですから、豆料理

をとればからだにパワーがついて当然。食物繊維、良質のたんぱく質、ビタミンやカルシウムなどのミネラルも豊富に含むといわれています。

豆は食べたいけれど、水につけて戻したり、長いことゆでたり、なんだか面倒くさそう。そんなふうに尻込みしないで。まずは、夕食の片付けが終わったあと、ボウルに水を張って豆を入れる、それだけやってみてください。もう翌日までなにもしなくていいのです。ゆでるのも、鍋を弱火にかけておくだけですから、ほかの料理や家事をしながらゆで上げてしまうこともできます。

じつは、私は豆料理を作るたびに「豆をゆでる」などということはしません。豆を買ってくると、1袋いっぺんに水に浸し、思いきりよく全部ゆでてしまいます。乾燥豆は水を含んで膨らみ、相当な量になりますが、もちろんそれでいいのです。

1回分ずつゆでて、残った豆の袋は輪ゴムで止めてとっておく――そんなことをしていたら、結局は古くなって、捨ててしまうことにもなりかねません。そこで私はまとめてゆでて、そのときに使わなかった分は小分けにして冷凍しておきます。この冷凍ゆで豆が、忙しいときのお助け料理として食卓に何度登場したことか。大豆、いんげん豆、小豆《あずき》、黒豆、えんどう豆、ひよこ豆、レンズ豆、緑豆など、ほとんどの豆が、ゆでれば冷凍可能です。

では、そのゆで方のコツをお話ししましょう。

（1）**まず豆をボウルに入れ、たっぷりの水を注いで一晩おきます**＝水は豆からゲンコツがひとつ、ふたつかぶる程度の量。ただし、小粒で薄いレンズ豆なら20分、緑豆なら2～3時間ほど水にひたせばOK。ひよこ豆や空豆は冷蔵庫で2日間ひたします。

（2）**鍋に豆とつけ水を移して強火にかけます**＝豆

が水に浸るように、つけ水に新しい水を足してゆでます。このとき、豆によって少し注意が必要。あくが出るいんげん豆や小豆は昨夜からのつけ水を捨て、たっぷりの新しい水でゆでます。
（3）**煮立ったらあくをとり、弱火に直して豆が踊らない程度の火加減でコトコトとゆでます**＝途中、水分が蒸発して豆の頭が出たら、水を加えます。
（4）**食べてみて豆が柔らかくなっていれば（大豆で約1時間）、火を止めます**＝その年に収穫した新豆の場合は、やや早くゆで上がります。
（5）**冷めたら小分けにして冷凍保存します**＝冷凍するときは、ファスナーつきのフリージングパックが場所をとりません。photo p.38 200グラムぐらいずつ小分けにし、ゆで汁もいっしょに入れます。できるだけ空気を抜いて、ファスナーを閉めます。袋に豆の名前と日付けを書いておくことも忘れずに。1か月を目安に使い切ります。おいしく食べるなら、なるべく早めに、を心がけて。

小粒で平べったい形のレンズ豆なら20分もあればゆで上がりますが、小豆の中でも大粒な大納言ですと4〜6時間はかかります。その代わり大納言で作ったあんこもお汁粉も、こたえられないおいしさ。このときは時間も気持ちも入れてとりかかるので、材料の吟味だけは怠りなく。素材のよし悪しで、でき上がりの味がぜんぜん違うので、よい豆を使うことが最も大切なポイント。豆に色むらがなく、粒のそろっているものを選びましょう。

どの豆でもゆでていると、必ずあくを含んだ泡が出てきます。このあくを「ふっくらと煮上がってね」という思いを込めて取り除きます。豆をお世話しているという気分になり、気持ちが落ちついてきます。私はこんな時間が好きです。

どんなゆで豆もオリーブオイルとの相性は抜群

良質の豆をゆでた場合は、まずシンプルに〈豆のオリーブオイルがけ〉を味わってみましょう。オイルと塩だけで充分においしくいただけます。ゆでての豆を器に盛り、オリーブオイルをたっぷりかけ、パラリと塩をふる。ただそれだけで白ワインに合う素敵な前菜になります。白いんげん豆なら少し大粒ですから食べやすく最適。お好みで、セージやバジルなどのドライハーブをかけても。

オイルと塩だけといえば、炊きたてのご飯に混ぜる〈豆ご飯〉もおすすめ。ご飯は玄米、白飯、麦飯など、どれにも合います。あつあつのご飯にゆでた豆、オリーブオイル、塩を加えてさっくり混ぜる。これだけですが、これが豆を炊き込んだご飯とは全然違う味に仕上がります。いんげん豆、ひよこ豆、大豆、黒豆、小豆など、好きな豆でいいのですが、ご飯が炊けたすぐあとに加えるのがポイント。口当たりも軽く、〈玄米ご飯とひよこ豆のオリーブオイルあえ〉などはローストした肉や魚のつけ合わせにもってこいの味わいです。

豆のスープとサラダは多種多彩

どんな豆でもそれぞれのおいしさが味わえるのが〈豆のスープ〉。まず、みじん切りにした玉ねぎを、オリーブオイルかバターで、透き通るまで炒めます。同時にみじん切りにするかつぶしたにんにくを加えても美味。次にスープとゆで豆を加え、味がなじむまで煮ます。これが基本の煮方です。

このスープは工夫しだいで、バリエーションが広がります。ほかの野菜も加えて煮込んだり、牛乳を加えて白いシチューにしたり、トマトと煮込んで

〈いろいろ豆のミネストローネ風〉にしたり。味つけもカレー味にしたり、トマト味にはタバスコを入れて辛いスープにしたり……と、その日のメニューや気分に合わせて変化は自由自在。

「もう少し、とろみがほしい」という場合。コーンスターチを水で溶いて加えれば、濃度がつきます。基本の煮方のスープをミキサーにかけ、鍋に戻して温め、最後に生クリームを加えればコーンスターチなしでも濃厚な〈豆のポタージュ〉に変身。

いつも料理本と首っぴきというのではなく、基本を覚えたらあとは自分の舌と相談し、いろいろな組み合わせを試してみましょう。パズルのように楽しんでいるうちに、思わぬおいしさに出会えることもあります。こうなると料理をするのが俄然楽しくなってきますよ。

スープ同様、野菜とも肉・魚とも合い、ドレッシ

いろいろ豆のミネストローネ風

材料（作りやすい分量）
ゆでた白いんげん豆・レンズ豆・ひよこ豆…各1カップ　トマト…1個　玉ねぎ…½個　にんにく…1片
スープ（235ページの野菜スープなど）…3カップ
オリーブオイル…大さじ2〜3　ローズマリーまたはタイム…少々　塩・こしょう…各適量

作り方
❶ トマトはざく切りにし、玉ねぎはみじん切り、にんにくはたたきつぶす。
❷ 鍋にオリーブオイルを熱し、①の玉ねぎとにんにくをよく炒める。3種類の豆をゆで汁ごと加え、スープ、①のトマト、ローズマリーまたはタイムを加え、中火弱でコトコトと煮る。
❸ スープがもとの高さの⅔量くらいに煮つまったら、塩、こしょうで味をととのえる。
★ このミネストローネはボリュームのあるスープなので、充分メイン料理にもなる。

ングで味の変化が楽しめるのが、豆のサラダ。

　これも基本を覚えてから変化させましょう。素材と味つけのバリエーションは無限大のサラダです。

　まず、ボウルにゆでた豆とサラダの材料を入れ、オリーブオイルを加えて軽くあえます。レモン汁（またはワインビネガー）、塩も入れ、こしょうを挽いて混ぜます。オイルとレモン汁は3対1の割合で。これが基本です。みじん切りのにんにくやさらし玉ねぎも加えると、おいしさが倍増。豆にはワイン蒸しのあさりやえび、生のたこなどが合いますし、《ツナと豆のサラダ》なら缶詰が使えて手軽。

食卓の主役になる豆料理は煮込みや揚げ物

　なんといってもメインディッシュとして、食卓の主役になるのが煮込み料理です。中でも豆と相性がよいのが、トマト煮込みやカレーといった煮込み。

《大豆とベーコンのトマト煮込み》はにんにく、玉ねぎ、ベーコンといった味の出る材料を炒め合わせ、ゆでた大豆とトマトの水煮缶を加え、水を補ってコトコト煮込んだもの。豆は大豆に限らずひよこ豆、白いんげん豆、えんどう豆でもいいのです。

　イタリアでは、豆をまるでマッシュポテトのようにつぶした〈マッシュビーンズ〉がよく食卓に登場します。ゆでた豆1カップにバター10グラム、生クリーム大さじ1～2、塩少々を加え、フードプロセッサーでなめらかに攪拌すればでき上がり。パンに添えたり、焼き魚のつけ合わせなどにします。

　また、マッシュした豆にスパイスを加えて揚げた中東の料理《ファラフェル》レシピ p.78など、豆はエスニック料理にも大活躍。

　和風味なら伝統的な煮豆はもちろん、じゃこや桜えびとかき揚げにしたり、ゆでた豆を大根おろしと

ツナと豆のサラダ

材料（2人分）

ゆでた豆（白いんげん豆など）…1カップ　玉ねぎ…½個　トマト…1個　ツナ缶…小1個　にんにく…1片　イタリアンパセリまたは香菜…2本　オリーブオイル…大さじ2　レモン汁…小さじ2　塩・黒粒こしょう…各少々

作り方

❶玉ねぎは薄切りにし、冷水でパリッとさせて水けをきる。トマトはくし形切り、イタリアンパセリまたは香菜はざく切り、にんにくはみじん切りにする。

❷ボウルにゆでた豆と水けをきったツナ、①の材料を入れ、オリーブオイルを加えて軽く混ぜる。レモン汁と塩をふり、こしょうを挽いて加え、全体をあえる。

★塩のあとにタバスコ適量をふり、ピリ辛サラダにしてもおいしい。

大豆とベーコンのトマト煮込み

材料（2人分）

ゆでた大豆…1カップ　大豆のゆで汁…適量　ベーコン（かたまり）…50g　にんにく…1片　玉ねぎ…½個　オリーブオイル…適量　ローリエ…1枚　トマト水煮缶…100g　塩・こしょう…各少々

作り方

❶ベーコンは2～3cm幅に切り、にんにくと玉ねぎはみじん切りにする。

❷鍋にオリーブオイルとにんにくを入れて香りが出るまで炒め、玉ねぎを加えてさらに炒め、しんなりしたらベーコンを加えて炒め合わせる。

❸大豆をゆで汁ごと入れ、ひたひたまで水を加え、ローリエとトマト水煮缶を缶汁ごと加えて中火弱でコトコトと煮る。

❹30分ほどして大豆に汁けがからまるぐらいになったら、塩とこしょうで味をととのえる。

あえてポン酢しょうゆをかける食べ方もおいしい。

ゆで豆があれば、デザートもあっという間

豆をゆでておけば、とても気軽にデザートも楽しめます。ゆでた小豆にパッと和三盆をかけるだけで立派なスイーツになりますし、ゆで黒豆といちごに市販の黒蜜をかけるだけでもいいのです。

何種類かのゆで豆が少しずつ残ったら、《いろいろ豆のシロップ漬け》にしておくといいでしょう。

グラニュー糖と水を2対3の割合で混ぜてシロップを作り、残った豆を漬けておきます。寒天の小角切りと合わせれば、すぐに豆寒天のでき上がり。

ゆでた白いんげん豆をシロップ漬けにし、これをつぶして茶巾に絞れば和菓子の〈豆茶巾〉になり、つぶした豆に甘いホイップクリームをかけて《豆クリーム》にすれば洋菓子にも変身します。

ファラフェル

材料（作りやすい分量）

ゆでたひよこ豆…1カップ　卵黄…½個　小麦粉…大さじ2　にんにく（みじん切り）…1片分　玉ねぎ（みじん切り）…¼個分　香菜・クミン・塩…各少々粉唐がらし（または赤唐がらしのみじん切り）…小さじ½　オリーブオイル…適量

作り方

❶オイル以外の材料をすべてフードプロセッサーに入れ、なめらかになるまで攪拌する。

❷オリーブオイルを170度に熱し、①をスプーンにとってミニハンバーグの形にまとめて落としていき、きつね色になるまで揚げる。

★本来はそら豆を使ってミニハンバーグの形に仕上げる中東の料理。これは私流に工夫したもの。

いろいろ豆のシロップ漬け

材料（作りやすい分量）

ゆでた3～5種の豆…2カップ　グラニュー糖…1カップ　水…1½カップ　塩…小さじ½　シナモンスティック・シナモンパウダー（あれば）…各適量

作り方

❶ 小鍋にグラニュー糖と水、塩を加えてひと煮立ちさせて冷まし、シロップを作る。

❷ ①をボウルに移し、冷たいままのゆで豆を入れ、1時間ほどつければ繊細なうす甘い豆に。もっと甘くしたいときは、豆を温め直してからつける。

❸ 器に盛り、あればシナモンスティックを添えてシナモンパウダーをふる。

★ 煮立てるとき、バニラビーンズやクローブを加えると香りがよくなる。

★ 豆は白いんげん豆、黒豆、小豆、えんどう豆、レンズ豆、金時豆（レッドキドニービーンズ）など、なんでもいい。

photo p.38

豆クリーム

材料（作りやすい分量）

ゆでた白いんげん豆…1カップ　砂糖…大さじ1　ホイップクリーム｛生クリーム…1カップ　砂糖…大さじ1｝

作り方

❶ ゆでた豆と砂糖をフードプロセッサー（なければフォーク）で攪拌し、なめらかにする。シロップ漬けの豆なら砂糖を入れずに攪拌。

❷ ボウルに生クリームと砂糖を入れて8分立てにし、ホイップクリームを作る。

❸ 器に①を盛り、②をのせる。

photo p.38

大根

根はもちろん、葉まで残さず食べつくす

真っ先に葉を切り落として保存する

大根は春、夏、秋、冬と季節に合った品種が栽培されているので、一年中出回っています。夏大根は辛みが強く、体のほてりを鎮めてくれますし、冬大根は甘みが増して湯気の立つような煮物に最適。旬の野菜は本当によくできていると思います。

大根は水分を多く含む野菜ですが、葉つきのものは、葉っぱが大根から水分を吸い上げ水分を蒸発させてしまいます。ですから買ったらまず、葉を落とすこと。そうしないと、みずみずしさがどんどん失われていきます。このとき、大根の頭の部分も少しつけて葉を切ります。その利用方法はあとでお話ししますが、じつは私、この大根の頭と葉の間の部分がいちばん好きなのです。

料理によって使う部分や切り方を変える

よくいわれることですが、大根は頭の部分、中央部分、根に近い部分で少しずつ味が違うので、その特徴を生かした料理に使いましょう。

青っぽい頭のほうはよりみずみずしく甘みもあるので、サラダや大根おろしなどの生食向き。中央の部分はやわらかく太さも同じなので、おでんや含め煮などの煮物向き。根に近い部分は辛みが強く少し筋っぽいので、細かく切るみそ汁の実やきんぴら、漬物などに合います。

同じ細かいせん切りにする場合でも、少し注意すると歯触りが違います。シャキッとした歯触りを楽しむサラダにしたいときは、繊維に沿って切ります。まず大根を5～6センチ長さに切って、それを縦に薄く切ります。色紙切りになった大根を少しずつずらして重ね、端から細かく切っていきます。

みそ汁の実など、やわらかい口当たりにしたいときは、大根を寝かせて繊維を断つように薄く輪切りに。この輪切りにした大根を、細く切り、せん切りに。これは大根に限らず、ほかの野菜でも同じ。玉ねぎなども繊維に沿って切ればシャキシャキのサラダに、繊維に直角に切れば煮物やみそ汁に入れた玉ねぎが、とろりとやわらかく煮えます。


料理に合わせて皮をむく場合とむかない場合が

大根の皮は必ずむいて使うとは限りません。大きめに切ってしっかり味をつけるような料理には、皮はむかずに使ってしまいます。とくに時間をかけて煮るようなときは、かえって身やせや煮くずれも防げますから。

反対に、皮を厚くむくケースもあります。おでんやふろふき大根のように、だしのうまみをたっぷりしみこませたい煮物に使うときです。大根をまず、3～4センチ厚さに切り、包丁で皮を厚めにむきます。皮の下にある筋が除かれ、やわらかくおいしくなりますが、この大根を一度米のとぎ汁（なければ米ひとつかみ）を入れたたっぷりの湯で下ゆですると、えぐみがとれて甘みが増すと同時に、だし汁や調味料がしみ込みやすくなります。

なますや大根サラダを多めに作るときのように、大根の皮を広くむくときはピーラー（皮むき器）を使うと早いです。

大根を手早く、手軽に味わう料理は

皮をむいたフレッシュな大根は繊維に沿ってせん切りにし、まずシャキシャキ感を味わいたい。そんな《大根のせん切りサラダ》のドレッシングは、いただく直前にかけます。早めにかけると、ドレッシングの塩分で水分が出てクタッとしてしまいます。

やや筋っぽい大根のしっぽの部分は〈大根の甘酢漬け〉などに。大根の下、3分の1本分の皮をむき、繊維に直角にごく薄く切ります。熱湯にさっとくぐらせ、砂糖大さじ2杯弱と酢大さじ3杯弱、塩少々を混ぜた甘酢に1時間以上つけます。

大根やかぶは厚めに切って焼いてもおいしい。それだけでもボリューム感はありますが、その上に炒めた牛肉を盛った《大根ソテー牛肉のせ》。大根に肉の焼き汁がジワーッとしみた絶品です。

大根のせん切りサラダ

材料（2人分）

大根…5㎝長さ（200g） にんじん…1/3本 長ねぎ…1/2本 削り節…1パック しょうゆ・ごま油・レモン汁…各適宜

作り方

❶大根とにんじんは皮をむき、繊維に沿ってせん切りにし、氷水につけてパリッとさせる。

❷長ねぎはせん切りまたは斜め薄切りにし、氷水につけてパリッとさせる。

❸①、②の水けをよく切って器にこんもりと盛る。食べるときに削り節をかけ、調味料とレモン汁を好みの量かけて混ぜ合わせる。

大根ソテー牛肉のせ

材料（2人分）

大根…¼本　牛ロース薄切り肉…100g　しょうゆ…大さじ1弱　サラダ油・XO醬…各適量　青じそ…5枚

作り方

❶大根は皮ごと1㎝厚さの輪切りにする。青じそはせん切りにして水に放してから、水けをきる。

❷フライパンにサラダ油を熱し、大根の両面を中火で焼き色がつくまで焼く。竹串を刺して、スーッと刺されば器に取る。牛肉は食べやすく切っておく。

❸②のフライパンをふき、サラダ油を加えて熱す。牛肉を軽く焼いてしょうゆをかけ、②の大根にのせる。

❹残った焼き汁にXO醬を混ぜて牛肉にかけ、①の青じそをのせる。

塩もみ大根のじゃこ炒め

材料（2人分）

大根…10～15㎝長さ　じゃこ…⅓カップ　長ねぎ…½本　塩…小さじ⅓　サラダ油またはごま油…大さじ1　しょうゆ・一味唐がらし…各少々

作り方

❶大根は皮をむき、半分の長さに切る。それぞれを繊維に沿って5㎜角の棒状に切り、塩をふってもむ。水けが出たら、しっかりと絞る。長ねぎは斜め薄切りにする。

❷フライパンにじゃこを入れ、カリッとなるまで空いりして冷ます。

❸フライパンにサラダ油を熱し、①と②を炒め合わせ、しょうゆ、一味唐がらしで味をととのえる。

★じゃこの代わりに桜えびでもおいしい。

水分の多い大根は炒め物には無理？　塩もみし、水出ししてから炒めれば大丈夫。《塩もみ大根のじゃこ炒め》レシピ p.83は、歯触りもカリッと仕上がります。

冬大根はじっくり煮込むとおいしさが際立つ

おでん種の中でも、よいだしのしみ込んだ大根のおいしさは格別です。我が家では、三種類程度の少ない材料をしみじみおいしいだしで煮ていただくおでんをよく作ります。これに欠かせないのがねぎみそ。《ねぎみそおでん》なら、お酒でもご飯でもよく合います。こんなシンプルな料理こそ、下ごしらえは丁寧に……。ひと手間で味が違ってきます。

ご飯にぴったりなのが《大根と鶏手羽先のこってり煮》。大根は皮をむかずに使います。炒めてからじっくり煮るとやわらかく仕上がり、皮は全然気になりません。煮くずれる心配がないのもうれしい点。手羽肉から出たいいだしを、大根が全部吸い込んで、全体に照りが出てきます。こうしてあめ色になるまで煮た大根は、本当においしいものです。

葉も捨てずにおいしくしっかり活用する

大根には食物繊維に限らず、胃もたれや二日酔いなどに効くでんぷん分解酵素が含まれているといわれています。さらに大根にはビタミンCも含まれることが知られていますが、ビタミンCは内側よりも皮のほうに多く含まれているそう。

葉のほうはもっと優秀で、食物繊維やビタミンCの含有量は根の3〜4倍。ほかにもカロテンやカルシウムを多く含む、れっきとした緑黄色野菜です。栄養的に優れているだけでなく、おいしい。ですから大根葉も余すところなく楽しみたいと思います。

はじめにお話ししたように、葉は大根の頭の部分

ねぎみそおでん

材料（作りやすい分量）

黒こんにゃく…1枚　生揚げ…2枚　大根…2/3本　だし汁…5～6カップ　酒・塩・しょうゆ…各適量　長ねぎ…1～2本　白みそ…1/2～1カップ

作り方

❶こんにゃくは両面に細かい包丁目を入れて水からゆで、1枚を6～8つの三角形に切る。

❷生揚げは熱湯をかけて油抜きし、1枚を6つの三角形に切る。

❸大根は3㎝厚さに切って皮を厚めにむき、半月切りにする。米のとぎ汁（または米ひとつかみ、分量外）を入れたたっぷりの湯で、やわらかくゆでて洗う。

❹鍋にだし汁と酒、塩、しょうゆを加えて、吸い物より少し濃いめの味にととのえる。ここに①～③の材料を入れて、弱火で40～50分煮る。

❺長ねぎは小口切りにしてみそと混ぜ、④につけて食べる。

★だし汁はかつお節のだし、または昆布とかつお節のだしを使う（だしのとり方は223ページ）。

大根と鶏手羽先のこってり煮

材料（4人分）

大根…1/2本（500g）　手羽先…8本　にんにく（つぶす）…3片　しょうが（薄切り）…1片　ごま油…大さじ2　調味料｛しょうゆ・酒…各大さじ2 1/2　豆板醤…小さじ2　オイスターソース…大さじ2｝　水…適量

作り方

❶大根は皮つきのまま、大きめの乱切りにする。

❷中華鍋を熱してごま油とにんにく、しょうがを入れて軽く炒める。ここへ手羽先を加えて色よく炒め、①の大根も加え、全体に焼き色がつくまで炒める。

❸調味料を全部加え、ひたひたまで水を注ぎ、強火で煮立てる。あくを取って中火にし、ときどき上下を返しながら煮汁が少なくなるまで30分ほど煮る。味をみて足りないようならしょうゆ（分量外）を足し、好みの味に仕上げる。器に盛り、好みで針しょうがを飾る。

★手羽先のかわりに手羽元やぶつ切りの鶏もも骨つき肉を使えばよりボリューム感が出る。

photo p.39

も少しつけて切り落とします。この頭から葉っぱが出ているところは気にもとめないという人が多いのですが、じつはいちばんおいしい部分です。

そこを最初に包丁で切って捨てるという人さえいて、とてももったいないことだと思います。

さて、切り落とした部分の葉は広げて、太陽の下で少ししんなりする程度まで半干しにします。葉とともに茎と頭の部分も細かく刻み、ごま油で炒めてしょうゆ少々で味つけします。この〈大根葉の油炒め〉を温かいご飯にのせていただくと、そのおいしさは格別。葉と茎と大根のそれぞれの歯ごたえがいっしょになって、口の中で一度に味わえる幸せ。

ほかにも干した葉はぬかみそに入れたり、塩もみして納豆やひじきと混ぜたりと応用範囲が広く、絶対に捨てません。

雨が降って干せないときには、大根の葉をゆでて細かく刻み、塩とごまで味つけします。これを温かいご飯に混ぜれば〈大根菜めし〉になります。それをにぎって〈大根菜入りおむすび〉にすればお弁当やお夜食に最適。塩加減は自分で調整できるので、塩分控えめで添加物のないヘルシーなご飯になります。これがあれば市販のふりかけも不要に。

大根の葉を塩もみするか、さっとゆでて細かく刻み、大根おろしに混ぜた〈葉入りおろし大根〉もおすすめ。しょうゆとレモンでいただきます。葉を混ぜると味、彩り、栄養と三拍子アップ。

ついでに大根おろしをおいしく作るための、ちょっとしたコツをお話ししましょう。

大根をおろし、手やふきんで水けを絞りすぎるとパサついておいしくありません。おろしてそのままでも、今度は水っぽくて調味料の味も薄まってしまいます。そこで、ざるに入れて6～7分おき、自然に水けをきって盛るとほどよく仕上がります。

皮やちょっと残った大根も賢く使う

野菜や果物は、皮と身の間にうまみや栄養があるとよくいわれます。そんなにおいしくて栄養のある部分を捨ててしまうのは、葉と同様にもったいないことだと思います。そこで、煮物で厚くむいた皮も、おいしい一品にできないものかと考えました。

まず、〈大根の皮のきんぴら〉。これは大根の皮料理の代表選手ですね。鍋にごま油を熱し、細切りにした皮を入れて炒めます。しょうゆ、酒、みりんを同量の割合で加え、汁けがなくなるまで炒めれば完成。お好みで七味唐がらしやいりごまをふります。驚くほどのおいしさです。

次は、火を使う必要もなく、台所仕事の合間にできる〈大根の皮のしょうゆ漬け〉。皮と昆布を1センチほどの幅の短冊切りにし、少し大きめのジャムの空きびんなどに詰め、しょうゆを七〜八分目まで注ぎます。あとは酒少々を加えるだけ。酒の肴や常備菜として、なにもないときにとても重宝します。

大根の根や葉が残ったら、大根の根はせん切り、葉茎は細かく刻んでともに塩もみし、〈大根の浅漬け風〉にします。ちょっと残った大根は〈大根のみそ汁〉にしてもいいでしょう。

使うあてもなく残った大根は、細切りにしてざるに並べ、太陽の下で3〜4日干せば〈自家製切り干し大根〉に。このようによく乾燥させておけば保存がきき、材料をむだにすることがありません。あとは市販の切り干し大根と同様に水で戻して、青菜とのあえ物、油揚げとの炒め物、煮物、スープなどと幅広く活用できます。

ごぼう——泥つきを買うこと。間違っても皮はむかないで

皮はこすり洗いする程度にし、うまみを残す

ごぼうは私の大好きな野菜のひとつです。泥つきで買ってくれれば水分や栄養を逃さず、意外に日持ちがします。新聞紙に包んで冷たい場所に置けば、1週間や10日はもちますが、風に当たって乾燥するとコルク状にかたくなるので要注意。

また、洗ったり切ったりしたものは水分や栄養が失われやすく、傷みも早いので、ぜひ泥つきを買ってきましょう。たとえ泥つきでも、掘って時間が経ったごぼうはしなっとしてくるので、触ってみてシャキッとしたものを選びます。

ごぼうの魅力は、その風味と食感。皮と身の間にこそごぼうの風味とうまみがあるので、過度に白くなるまでタワシでこすったり、包丁でむき過ぎたりしないようにしましょう。

流水の下、たわしでこする程度に洗います。これで、きんぴらや煮物はもちろん、サラダやあえ物などにも、ごぼうの風味とうまみが残ります。

酢を加えた湯でサッとゆでて

ごぼうにはあくがあり、切り口が空気に触れると褐色に変わるので、手早く水につけてあく抜きをします。ただし、5分以上つけたり、何回も水を替えたりすると、あくも風味も抜け過ぎておいしさが残らないので注意しましょう。

ごぼうは普通、生で食べませんよね。サラダやあえ物にする場合でも一度ゆでてから使います。このとき、酢を加えた湯でゆでると、色が白くきれいに仕上がります。初夏に出回る新ごぼうなら、まだ、細くて若いごぼうなので、ゆでるというより湯を通す程度の、生に近い状態でＯＫ。

ごぼうはまず繊維に沿って細いせん切りにし、沸騰した湯に酢を加え、シャキッと歯ごたえよくゆでてから、ドレッシングやあえ衣であえて使います。

ゆでるときはせん切りにしたごぼうを、一度にたくさんゆでないこと。ひとつかみくらいの量を、さっと湯を通してざるに上げる。これをくり返すのが歯ごたえを残すコツ。ゆで時間は秒速の世界です。

〈ごぼうのサラダ〉というとマヨネーズ味と思う人も多いと思いますが、私はオイルと酢をメインにしたさっぱり味のイタリアンドレッシングが好き。しょうゆ少々を加えるとご飯にも合います。

ゆでたごぼう1本分に対してドレッシングは、オリーブオイル大さじ3、酢大さじ1、おろしにんにく1片分、粒マスタードとしょうゆ各小さじ1、塩・こしょう各少々を混ぜ合わせて作ります。

春先から初夏にかけて、大皿にゆでたごぼうや絹さや、グリーンアスパラ、生のフルーツトマト、新玉ねぎのスライスなどをたっぷり盛った目にも鮮やかな〈初夏の野菜サラダ〉が、我が家の食卓に登場。食べやすく切り分けたり、ゆでておいたりと、下ごしらえはきちんとしてありますが、どれも混ぜたり味をつけたりせず、彩りを考えて大皿に盛るだけ。あとは各自好きな野菜をお皿に取り分け、定番の玉ねぎドレッシング（49ページ）をかけていただきます。このときも最後にしょうゆをひとかけすると味が引きたちます。ただの野菜サラダがご飯にも合い、野菜がもりもりと食べられます。

ごぼうはたたいて味をしみやすくする

ごぼうはかたくて味がしみにくいので、ある程度の太さであえ物などにしたいときは、たたきごぼうにしてからあえると味がよくしみます。

5～6センチの長さに切り分けたごぼう1本分を歯ごたえが残る程度に酢少々を入れた湯でゆでてから、まな板に置き、次にすりこぎなどで、軽く、表面にヒビが入るくらいまでたたきます。このたたきごぼうを食べやすく手で割り、半ずりのいりごま大さじ4としょうゆ大さじ1を混ぜてあえれば、〈ごぼうのごまじょうゆあえ〉のでき上がり。

また、たたきごぼうは、しょうゆ、酢、ごまとともにつけ込んでおくと味がよくしみて、いい保存食になります。ごぼうがちょっとだけ残った場合も、こうやってむだなく使いきります。

私流きんぴら作りはにんじんなしで早くて簡単

ごぼうの代表料理というと〈きんぴら〉。やっぱりきんぴらはおいしいですね。ふつうはにんじんも入れますが、炒め時間が違うのでうちのきんぴらはごぼうだけ。ピリッと味を締めたいので、赤唐がらしは多めに入れます。

きんぴらにするごぼうは、繊維を断つように斜め薄切りにしてから、マッチ棒より細いせん切りにします。もちろん、ふつうにささがきでもいいのですが、ささがきよりもまな板の上で簡単に切れます。その上、繊維を断つように切っているので火の通りが早く、せん切りにした1本ずつに皮がついているので、おいしくできます。

切ったごぼうは、水に5分ほどさらしてざるに上

変わりきんぴら

材料（作りやすい分量）

ごぼう…1本　豚薄切り肉…100g　にんにく（薄切りまたはせん切り）…1片分　ごま油…大さじ2弱　みりん…大さじ1½　酒…大さじ1　しょうゆ…大さじ2

作り方

❶ごぼうは皮をたわしで洗い、斜め薄切りにしてから重ねて細切りにし、水に5分間さらしてあくを抜く。豚肉は2～3㎝幅に切る。

❷鍋にごま油を熱し、豚肉とにんにくを入れてカリカリによく炒め、ごぼうも加えてさらに炒める。

❸全体に油が回ったら、みりん、酒、しょうゆを混ぜて加え、汁けがなくなるまで炒め煮にする。

★好みで粉山椒か七味唐がらしをふってもおいしい。

げ、水けをよくきります。鍋にごま油を熱し、ごぼうと赤唐がらしの小口切りを加えて炒めます。油が全体に回ったら、みりん、酒、しょうゆを合わせた調味料（割合は上記のレシピ参照）を加え、汁けがなくなるまで炒めれば完了。

　ごぼうだけではちょっともの足りないというときは、赤唐がらしの代わりに豚肉とにんにくを加えて炒める《変わりきんぴら》に。これでぐっと料理にコクが出て、パワーアップします。ただし、冷めると豚肉の脂が固まるので、温かいうちに食べるか、食べるときに温め直してください。

ごぼうのだしが生きる炊き込みご飯や煮物

　ごぼうはうま味が出る素材なので、シンプルな〈ごぼうの炊き込みご飯〉にしてもおいしいもの。米2カップに対し、ごぼう1本程度を使います。

炊飯器にといだ米とささがきにしたごぼう、昆布1枚と酒大さじ2、しょうゆ小さじ2を入れます。普通の水かげんで炊き、炊き上がったら昆布を細かく切って混ぜ、仕上げにじゃこを加えます。昆布ではなく、頭と腹わたを除いて縦に裂いた煮干し10尾を入れて炊いてもOK。上等な煮干しなら、炊いたご飯といっしょにおいしくいただけます。

また、だし汁の代わりにお酒で煮込む《ごぼうと牛肉、こんにゃくの酒煮》もおすすめです。ごぼうと牛肉は相性がいい上に、お酒で煮ると傷みにくいので、お弁当のおかずとしても重宝します。

かつお節で取っただしで、ごぼうといろいろな根菜類をともに煮たおなじみの〈お煮しめ〉や反対に、ごぼう独特の香りやうまみをピュアに味わう〈ごぼうだけのみそ汁〉などもおいしいですね。

ごぼうと牛肉、こんにゃくの酒煮

材料（作りやすい分量）

ごぼう…1本　牛切り落とし肉…100g　こんにゃく…½枚　にんにく（つぶす）…2片　ごま油…大さじ1　酒…⅓カップ　しょうゆ…大さじ2　みりん…大さじ1½

作り方

❶ごぼうは皮をたわしで洗い、大きめのささがきにし、水に5分ほどさらしてあくを抜く。

❷牛肉は大きいものはひと口大に切る。こんにゃくはひと口大にちぎって、沸騰した湯で軽くゆでておく。

❸鍋にごま油を熱し、②の牛肉とこんにゃくを入れて手早く炒め、牛肉の色が変わったら①のごぼうを入れて炒め、にんにくも加える。

❹にんにくの香りが出たら、酒を一気に加える。出てきたあくは、ていねいにすくって火を弱める。ここへみりんとしょうゆを加え、汁けが少なくなるまでコトコトと煮る。

れんこん

シャキシャキ感とほっくり感の両方を味わう

水や酢水に浸して変色を防止する

れんこんはサッと火を通してシャキシャキの歯ごたえを味わうか、しっかり火を通してそのほっくり感を楽しむかで、まったく別の顔を持っています。

サラダや酢漬け、炒め物などは、短時間で手早く調理し、歯ごたえを残して仕上げるとおいしいもの。夏に出回る新れんこんは、こうした料理に最適です。一方、旬の冬れんこんは、こっくり煮つける煮物やコトコトゆでたスープ煮などで、そのほっくりした味わいを堪能するといいでしょう。

私はれんこんを皮ごと使うことが多いので、まずは皮が無漂白で自然な肌色をしているものを選びます。穴の中が黒いものは古いので避けましょう。

皮をむく場合は、節の両端を切り落としたあと、ピーラーを使うとラク。れんこんはごぼうと同様、切り口が空気にふれると褐色に変わるので、切ったらすぐに水につけてあく抜きをします。サラダや酢れんこん（酢ばす）のように白く仕上げたい場合は、酢を少し加えた酢水につけ、ゆでるときも熱湯に酢少々を加えてゆでると、美しく仕上がります。

サラダ、酢漬け、炒め物はシャキッと仕上げる

シャキッとした歯触りを楽しむ料理の代表選手は、やっぱりサラダや酢れんこんです。この場合は白く仕上げたいので、切ったあと酢水につけます。

これを酢を加えた湯でゆでて使いますが、加熱しすぎて柔らかくなるとれんこんのおいしさが半減してしまうので注意してゆでましょう。

ゆでたれんこんに彩りのグリーンや赤の野菜を少しプラスして、好みのドレッシングであえれば〈れんこんのシャキシャキサラダ〉のでき上がり。このれんこんは梅肉などのあえ衣も合います。

また、サッとゆでたれんこんを甘酢（酢と砂糖の割合2対1、塩少々）につければ〈酢れんこん〉に。正月料理の箸休めや五目ずしの具などに活躍します。れんこんは穴があいていて、「先がよく見通せる」ということから、縁起のよい野菜としてお祝いの席などにもよく使われます。

れんこんはごぼう同様、きんぴらにしてもおいしいものですが、れんこんのシャキシャキ感をもっと楽しみたいので、より大きく切って炒めてみました。同じきんぴら風の味つけでも、1センチ角の棒状またはひと口大の乱切りにして炒めると、こんなに味わいが違うものかしらというパワーのある料理になります。それが〈れんこんの炒め煮〉。

れんこんは皮をむいて、1センチ角の棒状（乱切りでも）に切ります。鍋にごま油を熱してれんこん全体に油が回るまでじっくり炒めます。ここへ赤唐がらしの細切りを加えて炒め、みりん、酒、しょうゆを同割合で加え、汁けがなくなるまで炒めます。

この料理も、れんこんを入れる前に豚肉をよく炒めておけば、さらに主菜風にと進化します。

れんこんの皮はむしろ身の部分よりせん切りにしやすいので、これで普通のきんぴらを作ったらいかが。ごぼうのせん切りとともに炒めてもいいですし、半干しの大根やにんじんの皮と合わせて〈皮だけのきんぴら〉にしてもばかにできないおいしさです。

しっかり加熱してほっくり感を味わう

れんこんを皮ごと使う場合には、それなりの理由があります。コトコトと長く煮込む料理ですと、その間に皮からいいだしが出ます。皮ごと揚げると、香ばしさが増してよりおいしくなります。

我が家の冬の定番料理、鶏肉とれんこんのスープ煮（２１１ページ）をコトコトと煮込む際、れんこんが欠かせないのもそんな理由からです。

れんこんを皮ごとすりこぎなどでバンバンたたき割り、オリーブオイルで素揚げした〈れんこんのフリット〉。塩をつけるだけでとてもおいしいです。

皮つきの揚げ物といえば、《れんこんの肉詰め揚げ》も驚くほど簡単。れんこんの皮むきも、ひき肉の味つけも、いっさい不要の揚げ物です。でも、このれんこんのほっくりした食感と香ばしさは格別。

れんこんの肉詰め揚げ

材料（作りやすい分量）

れんこん…1節　豚ひき肉…１５０g　揚げ油…適量

練り辛子・しょうゆ…各適量

作り方

❶ れんこんは無漂白のものを選んでよく洗い、皮つきのまま長さを2等分する。

❷ バットに豚ひき肉を入れ、れんこんの切り口をぎゅうぎゅうと押しつけ、上の穴から肉が出てくるまで詰める。残り半分も同様にする。

❸ れんこんから出た余分な肉を除き、1.5〜２㎝厚さの輪切りにする。

❹ 揚げ油を中温に熱し、両面がこんがりと色づくまで揚げる。辛子じょうゆをつけていただく。

photo p.105

D

主役になりにくい野菜にスポットライトを

ふだんの料理の中でよく登場する素材ではあるけれど、あまり華々しく表面に出ず、縁の下の力持ち的な存在の野菜というのがあります。

たとえば、各種のきのこ類。よくだしが出て料理全体の味をアップさせてはくれますが、なかなかきのこを主役で味わうケースは少ないものです。

長ねぎも同様。薬味としての活躍の場は多いものの、長ねぎ自身が前面に出た料理は少ないのでは。また、彩りの野菜として重宝される青菜を、もっと一度にたくさん味わってみるなど、主役になりにくい野菜そのものの味わいを心ゆくまで堪能してみませんか。

たとえば、きのこだけを何種類か合わせて味わう、小口切りにした長ねぎを大量に魚にまぶす、たっぷりゆでた青菜をおいしいだし汁の味でいただく……などなど。

素材の持つ味に真剣に向き合うと、きっと今まで気がつかなかったおいしさに出会えると思います。

きのこ

傷みやすいので、早めに使いきること

残った場合は干してから保存すると長持ちする

きのこはビタミンDや食物繊維などを豊富に含むうえ、低カロリーなこともあって、そのヘルシーさが注目されています。うまみの素も多く含むので、きのこを加えるだけで料理に奥行きが出るうれしい素材です。

きのこ類は黒ずみがなく、傘の開いていないものを選ぶこと。生しいたけの場合は、その傘が肉厚でむらのない薄褐色で、裏に膜が張ったようにびっしりとうぶ毛が生えているものが新鮮です。

生しいたけなどのきのこは、意外に日持ちのしない素材です。古くなると傘が開いて、黒くシミが浮いてきます。このとき、傘を下にし、軸を上に向けて保存していないと、胞子が落ちてより早く黒ずんでしまうので要注意。いずれにしてもすぐに味が落ち始めるので、できるだけ早く使いきることです。

残ってしまったとき、袋ごと冷蔵庫の野菜室に入れていませんか。袋に入れるのは蒸れて黒くなるもと。残ったら、すぐにざるに広げて日光に当てます。半干し（外は乾燥し、中には水分が少し残っている状態）にして冷凍保存すれば、おいしさを残したまま1か月近く長もちします。

洗わない。石づきは捨て、軸は使う

きのこは洗わないのが基本です。水洗いすると味

や栄養が落ち、せっかくの風味もとんでしまうから。調理用のはけで汚れをはらうか、傘の上からたたいて汚れを落とす程度にします。どうしても汚れが気になるようなら、ぬらしたふきんでふくか、流水の下でサッと洗い、すぐに水けをふき取ります。

なめこの場合は、ざるに広げてサッと水洗いし、軽くぬめりを落としてから使います。こんなときは、日本の竹のザルが重宝します。

汚れを落とした生しいたけやしめじなどは、まず石づきを落とします。石づきというのは、軸の根もとのかたい部分。きのこ類は軸の部分からもいいだしが出るので、軸まで切り取って捨てないように。

軸つきの生しいたけは傘の中央に切れ目を入れ、photo p.106そこから下まで手で裂きます。こうすると傘に軸がついたまま使え、味のしみ込みも包丁で切るよりよくなります。エリンギや松茸なども同様にします。

生しいたけの傘だけを使う場合は、軸をひねるようにして除きます。その軸も捨てずに細く裂いて炊き込みご飯に入れたり、さらに刻んで汁の実やひき肉料理に加えれば、隠し味になります。

手軽に調理したいときはソテーや生で

いちばん手軽なきのこの食べ方に、〈きのこのソテー〉があります。これには、生しいたけ（半干しでも）やエリンギが合います。きのこは油を吸う素材なので、良質のオリーブオイルかバターで。

生しいたけだけをソテーするなら、傘から軸をはずし、軸は縦二つに裂きます。フライパンにオリーブオイルとにんにくを入れて炒め、香りが出たら傘と軸を入れてソテーし、軽く塩、こしょうすればでき上がり。これをトマトソースに入れれば、ワインのつまみやパスタのソースにもなります。

イタリアには〈ポルチーニのステーキ〉がありますが、これはイタリアの代表的なきのこのポルチーニをソテーしたあと、軽く塩をふり、レモンを絞るだけの一皿。いい材料ほどシンプルに料理し、素材そのものの味をじっくり味わうわけです。

真っ白い卵が地面からはえたようなタマゴタケとかマッシュルームに至っては、生のまま薄切りにし、粉チーズ（パルミジャーノ）やオリーブオイルをかけて。その量たるや、食べること食べること。イタリアでは、そのような風景をよく見かけます。

網焼きにすれば丼物やサラダに合う

私の好きなきのこの調理法に「網焼き」があります。《焼きしいたけの山かけ》photo p.106もそのひとつ。たたくか、すりおろした山いもとしょうゆ卵。この二つと合わせると、焼きしいたけが抜群のおいしさに。

焼きしいたけの山かけ

材料（2人分）

生しいたけ…8個　山いも…150g　しょうゆ卵〔卵黄…2個分　しょうゆ…小さじ4〕　おろしわさび…適量

作り方

❶小さい器に卵黄を1個ずつ入れ、しょうゆ小さじ2ずつを注ぎ、一晩冷蔵庫に入れておく。

❷しいたけは石づきを除き、傘に包丁で切れ目を入れて、軸ごと手で2〜4つに裂く。

❸焼き網を熱し、しいたけの軸を下にして並べ、焦げ目がついたら返して傘の部分も焦げ目がつくまで焼く。

❹山いもは皮をむいて5分ほど酢水につけ、ビニール袋に入れてすりこぎなどでたたくか、おろし金でする。

❺器に焼きしいたけと山いもを盛り、中央を凹ませて①の卵黄もしょうゆごとのせて、わさびを添える。

photo p.106

ただし、山いもは水分の多い長いもより粘りけの強い大和《やまと》いもを使ってください。卵黄は一晩しょうゆ漬けにすると、生卵とは違ったうにのような濃厚な味わいに。これがまた、しいたけと合うのです。この一品をそのままご飯の上にのせ、山かけ丼のようにしていただいてもオツなものです。

洋風に、焼いたしいたけをオリーブオイル、レモン汁、にんにくのみじん切り、塩、こしょうで味つけし、玉ねぎの薄切りや葉野菜などとあえて、〈焼きしいたけのサラダ〉にしても味わい深いです。生しいたけに限らず、エリンギや舞たけも網焼きにすると美味。エリンギは網焼きがいちばんおいしい食べ方ではないかしら、と思うほどです。

いろいろきのこのおいしさ

1種類のきのこの味をしみじみと味わうのもいいのですが、何種類ものきのこを合わせて使うと、それはパワーのあるおいしい料理に仕上がります。

まず《いろいろきのこの煮浸し》。きのこの種類はお好みで。だしの出るきのこを4〜5種類も入れれば、おいしくて当然。まるで貝のスープかしらと思うほどのうま味が感じられます。おいしいかつお節のだし汁（223ページ）でサッと煮るのがコツ。柑橘類の汁をギュッと絞るとさらに効果的です。

蒸せばより簡単。忙しい人にはいいかもしれません。〈いろいろきのこの酒じょうゆ蒸し〉は、生しいたけ、しめじ、えのきだけ、舞たけ、エリンギ、それぞれ切り分けて、酒としょうゆを同量ずつ合わせた酒じょうゆをかけます。これを耐熱容器に入れ、蒸気の上がった蒸し器で4〜5分（電子レンジを使ってもOK）、厚手の鍋に入れて、蒸し煮にしてもいいです。蒸し汁ごと盛り、柑橘類の絞り汁をかけていただきます。冷たい大根おろしをあつあつのきのこにかけて食べてもおいしいもの。

また、酒じょうゆの代わりに、白ワインと塩をまぶして蒸し、オリーブオイルとレモンでイタリア風に食べてもいいでしょう。

きのこ類は天ぷらにしたり、オリーブオイルでフリット（揚げ物）にし、塩をちょっとつけて……といういただき方も、なんともおいしいものです。

では、いろいろなきのこ類が少量ずつ残ってしまったら。そんなときは、〈きのこのつくだ煮風〉にしておくと、酒の肴やご飯の友になり、保存もきくので重宝します。

しいたけは適当な大きさに切り、しめじ、えのきだけは小房に分けます。これを鍋に入れ、しょうゆ、酒各適量とみりん少々を加えて、汁けがなくなるまで煮つめます。お好みで七味唐がらしを。

いろいろきのこの煮浸し

材料（2人分）
生しいたけ…4個　しめじ…1パック　えのきだけ…1袋　エリンギ…1本　なめこ…1袋　煮汁（かつお節のだし汁…2カップ　しょうゆ…小さじ1½　酒…大さじ3　塩…小さじ½）

作り方
❶生しいたけは石づきを除いて包丁で傘に十文字の切り込みを入れ、手で4つ割りにする。しめじとえのきだけは石づきを除いて小房に分ける。エリンギは手で細かく裂き、なめこはざるに入れてサッと水洗いする。
❷①のきのこ類を鍋に入れ、だし汁をひたひたよりやや少なめに注ぎ入れ、中火にかける。
❸しょうゆと酒を加えて煮、全体に火が通って材料がしんなりしてきたら、塩で味をととのえる。

長ねぎ

とにかくたっぷり使うとおいしさがアップ

切り方を工夫すると扱いが簡単に

一般的に長ねぎとよばれている根深ねぎ（白ねぎ）は関東、緑色の葉が多い葉ねぎ（青ねぎ）は関西で多く使われています。どちらもからだを温めるので風邪に効き、疲労回復にも効果的。

葉ねぎの代表といえば九条ねぎですが、わけぎやあさつきも葉ねぎの一種。葉の部分が長く、やわらかくて香りのよいのが特徴。万能ねぎも同じ仲間ですが、これは味も香りもないのであまり使いません。

根深ねぎは白い部分しか食べない人もいますが、青い部分も細かく刻んで白い部分とともにかき揚げや薬味にしてみてください。薬味にするなら白い部分、青い部分ともに小口切りにし、さらしのふきんに包んでぬめりが出るまで流水の下でもみ洗い。このさらしねぎをたっぷりと（4人で2本分）、豆腐やそうめんにのせて使います。太くてずんぐりした下仁田ねぎも根深ねぎの一種。やわらかくて甘みがあるのですき焼きはもちろん、焼いて食べるとおいしいもの。

白髪ねぎは、細いせん切りにするのがちょっと大変、という人におすすめの切り方があります。長ねぎを白い部分、青い部分とも細くとても長ーい斜め切りにするだけ。すぐに冷水にさらし、カールさせれば、簡単に白髪ねぎ風のおしゃれな薬味に。

よく使う長ねぎのみじん切り。葉ねぎなら端から細かく切るだけでいいのですが、太い長ねぎの場合は、切り口の部分に包丁の刃先を立てるようにして縦に何本かの切れ目を入れておき、端から切ります。すると、みじん切りがあっという間に完成。

まず、すぐできるシンプルな食べ方で

ねぎのシンプルな食べ方というと、父を思い出します。揚げたての油揚げを5ミリ角に刻み、たっぷりのねぎの小口切りとしょうゆを混ぜ、熱いご飯にのせて食べるねぎ納豆ならぬ〈ねぎ油揚げ〉。油揚げは納豆と同じ大豆が原料です。まさに納豆感覚でいただくこの食べ方が、父は好きだったのです。

なにもないときのおかずとして、重宝するのが〈ねぎと卵の炒め物〉。長ねぎ2本を斜めにザクザクと切ります。中華鍋にサラダ油を熱して、斜め切りのねぎを焼き色がつくまで焼き、最後に大さじ⅔のしょうゆをジャッと加えてひと混ぜします。これだけでもOKですが、卵1~2個を溶いて塩少々を加え、前もって高温の中華鍋でフワッと炒めておいて、ねぎのしょうゆ炒めの最後に混ぜる。すると、もっとボリュームのあるおかずになります。

よりシンプルな食べ方もあります。太い白ねぎを長いまま、ガス台のグリルで焼く方法。外側が真黒になるまで焼き、ナイフとフォークで切り分けるとトロトロの中身が……。塩とオリーブオイルでいただくと、コクのある赤ワインにぴったり。冷えた白ワインにも合います。

たっぷりのねぎで魚やその加工品がおいしくなる

このように見てくると、どうも私はねぎ好きのようです。というか、香味野菜が好きなんですね。

さばやあじを締めるときも、ねぎやしょうがをた

っぷり入れてみたら、すごくおいしい。それが〈締めさばのねぎたたき〉です。photo p.107

まず、3枚におろしたさば1尾分に全体が隠れるほどの塩をふって2時間ほどおき、水洗いします。小骨を除き、バットに入れて、おろししょうがをたっぷり入れた酢をひたひたに注ぎ、1時間以上おきます。その間にねぎ3本を小口切りにしてふきんに包み、もみ洗い。さばを食べよく切り分け、バットに先のねぎをたっぷりと敷いた上に並べます。さばの上にもねぎをたっぷりのせ、包丁の腹でたたいて冷蔵庫でしばらくおいてなじませればでき上がり。

《揚げかまぼこのねぎサラダ》photo p.107もたっぷりのねぎのおかげで、残ったかまぼこがすぐになくなります。薄く切って揚げたかまぼこが、まるで肉のような食感に早変わり。食べた方たちの「これはなに?」という表情がほほえましいこと。

揚げかまぼこのねぎサラダ

材料（2人分）

かまぼこ…100g　長ねぎ（白い部分）…1本　揚げ油…適量　しょうゆ・七味唐がらし…各少々　三つ葉または木の芽（あれば）…適宜

作り方

❶長ねぎは3㎝長さのせん切り、三つ葉はざく切りにして、それぞれ冷水につけ、パリッとさせる。よく水けをきり、ボウルに入れる。

❷かまぼこはできるだけ薄く切る。

❸揚げ油を中温に熱し、②のかまぼこを入れて混ぜながら、こんがりと色づいてカリッとするまで揚げる。

❹①のボウルに③のかまぼこを入れ、熱いうちにしょうゆと七味唐がらしを入れて全体をざっとあえる。

皮つきのれんこんの切り口を
バットに入れたひき肉に押しつけ、上の穴から肉が出てくるまでくり返す。

p95 参照

れんこんの肉詰め揚げ

レシピ p95

一晩しょうゆ漬けにした卵黄
はうにのような味わいに
p99 参照

焼き網をよく熱して
強火で焼く
p99 参照

しいたけの笠に切り目を入
れ、軸ごと手で2つに裂く
p98 参照

焼きしいたけの山かけ
レシピ p99

締めさばのねぎたたき
レシピ p104

締めさばにのせたねぎを、
包丁でたたいてなじませる
p104 参照

茎と葉は分けて冷
水につけておくと、
炒めるときにラク。
p119 参照

グリーン野菜のオイルあえ
レシピ p117

チェリートマトのオイル蒸し煮
レシピ p126

なすの揚げ方

揚げなす
レシピ p132

なすは、1個分ずつそのつど切り少ない油で揚げるとラクで軽い味わいに。たっぷり作り、いろいろな味で楽しむ。
p132 参照

少ない油で丸ごとのなすを1本ずつ揚げたなすの丸揚げ。すぐに皮をむけば、薄いグリーン色が美しく、こくがあっておいしい。焼きなす同様に使える。
p133 参照

きゅうりの扱い方

塩をしたきゅうりの水分をよく
絞ってから炒め物に使う。
p136 参照

薄切りのきゅうりをざるに並べ、
太陽の下で半干しにする。
p134 参照

きゅうりの甘酢炒め
レシピ p137

自家製マヨネーズ
レシピ p141

マヨネーズの材料をすべて空きびんに入れる。

ハンドミキサーの先端を入れてスイッチオン。

全体がとろりとするまで攪拌する。

蒸し野菜
p139 参照

青菜

野菜不足と感じたときのお助け素材にもなる

根元はていねいに、葉先はざぶざぶと洗う

青菜といえば、まずほうれんそう、そして小松菜、春菊、菜の花、水菜、青梗菜《チンゲンサイ》などがあげられます。いずれも、とても栄養価が高く、健康に欠かせない緑黄色野菜の代表選手、それが青菜たちです。

最近はきれいにととのえられた袋入りの青菜が多くなりましたが、本来は泥つきのもののほうが味も保存性もよいのです。

とくにほうれんそうの場合、泥つきの根元の赤い部分に鉄分やうまみがあるので、決してバッサリこの部分を切り落としたりしないように。

まず、根元の黒い先端部分を少し切り落としたら、根の赤い部分に一文字または十文字（太さに応じて）の切れ目を入れます。ボウルに水を張り、ほんの少しの間でいいので、切れ目を入れたほうれんそうを立てて、水につけておきます。こうすることでほうれんそうが水を含んで元気になり、洗うときに根の泥も落ちやすくなります。

次に洗い方。流水を根元に当てるようにして泥を落とすように洗い、茎の部分も1本ずつ広げたり、まとめたりして流水を当てます。葉は、根のほうをまとめて持ち、ボウルにたっぷり張った水の中で、ざぶざぶと洗う程度でOK。青梗菜のように大きな株の場合は、縦に2つに割ってから株に流水を当てて洗います。

ゆで方が重要です

青菜は買ってきたその日から鮮度がどんどん落ちていきます。すぐに炒め物などにして使いきる場合はいいのですが、彩りに少量使うような場合は、残さずに全部をその日のうちにまとめてゆでておくことをおすすめします。ゆでて水けをよく絞り、食べやすく切り分けて密閉容器に保存。こうしておけば冷蔵庫で2日ほどはもちます。汁の実用にパッと入れたり、煮物やめん類の彩りとしてもすぐに使えるので、あっという間になくなりますよ。また、ゆでて小分けにしたものは冷凍保存も可能です。

そうはいっても、買ったその日にすぐゆでられないとか、ゆでる気分じゃないという日もあるはず。そんなときは、「ラ・バーゼ」★のステンレスボウルに丸ざる（270ページ）をセットし、水に浸してから洗った青菜を入れておくと、「えっ？」という現象が起こるのです。たまたま旅行前にそんなふうにしておいた香菜。10日後にもピンピンしていたのが始まり。それからは、少しずつ残った生ハーブなどもこうして保存しています。この件はあとの道具の項（273ページ）で詳しくお話ししましょう。

さて、「青菜をゆでる」とひと口にいっても、ちょっとしたポイントを知っているのと、そうでないのとでは、味に大きな差が出ます。

（1）ゆでる前に青菜を5分ほど水につけ、ピンとさせる＝どうせゆでるのだから、多少野菜がしんなりしていてもいいのでは、というのは間違い。野菜がしなっとしているときほどゆでる前に水につけて、みずみずしい状態に戻してからゆでてください。これは青菜に限らず、キャベツでも白菜でも同じ。細胞内にきちんと水分を戻し、ピンとなってからゆでると、野菜本来の自然の甘みが戻ってくるから不思議です。

（2）**まず、必要な道具をセットする**＝青菜のゆですぎは色や味を悪くします。ビタミンの損失も大きくなります。ゆで上がる一瞬が勝負ですから、チャンスをきちんと摑《つか》めるように、必要な道具一式はあらかじめ用意しておきます。菜箸はもちろん、青菜を引き上げるための網じゃくしや、さますときに使うバットと角ざるもセットして。

（3）**塩をパラリとふり、熱湯でゆでる**＝熱湯でゆでるだけでもいいのですが、塩ひとつまみを加えてゆでるとさらに効果的。塩で湯の沸点が上がり、高温ですばやく野菜の葉緑素を安定させることができるから、より色鮮やかに仕上がるというわけです。また、塩を入れると浸透圧の関係で、青菜の栄養素が湯に溶け出すのも防いでくれます。

（4）**一度にたくさん入れすぎない**＝さあ、ここからが勝負です。1わ全部をゆでるからと、一度に全部の青菜を入れないでくださいね。せっかく沸騰したお湯の温度が下がってしまいますから。小松菜やほうれんそうなら3〜4株ずつ入れます。葉より根元や茎のほうが火が通りにくいので、根元のほうを先に湯に入れてから手を離します。次に菜箸で葉のほうを手早く湯に沈めます。

（5）**すぐに茎のかたさをみる**＝ゆでる材料を湯に入れたら、よく見ること。色が変わってきますから。濃いきれいな色になってきたら、すぐに引き上げて指先で茎のかたさをみます。さわって分からなければ食べてみてもＯＫ。でも、その間にも刻々と材料に火が通ってしまうので、タイミングを計ってすばやく。ゆでている最中の色の変化、爪でさわった感触、歯触りなどを、自分で感じることが大切です。そうすると、最初は失敗しても、だんだん覚えてきます。ゆでるときは精神を集中させ、電話がかかってきても出ないくらいの注意力が必要です。

（6）**すばやくさます**＝このくらいのかたさだというときにサッと引き上げ、バットにセットした角ざるに広げてさまします。早くさまさないと色が悪くなるので、株は重ねずに広げて。風の当たる場所にバットを置くか、急ぐときはほんの一瞬、サッと冷水につけてさますといいでしょう。残りの青菜も同様にして3～4株ずつゆでますが、そのつど湯を沸騰させ、根元から入れることを忘れずに。

（7）**よく水けをきる**＝水けをきるときも1わまとめてではよく絞れません。やはり、3～4株ずつ絞ります。根元を持ち、もう一方の手で上から下へ青菜をにぎるように絞っていきます。このとき、グシャッとなるようではゆですぎです。食べやすく切り分けますが、その日に使わない分は、切ったあともう一度水けを絞り、密閉容器に保存します。

ゆでた青菜をおいしく料理する

おいしくゆでた青菜は、いろいろな料理に活用することができます。

まず、いちばんシンプルな食べ方は、〈青菜のお浸し〉。でも、いきなり青菜にしょうゆをかけるようなことはしないで。うっかりかけすぎてしまうと、上手にゆでても台なしです。そこでまず、お皿の端でかつお節にしょうゆをかけます。このおかかじょうゆを青菜に少しずつあえながらいただくのが私流。こうすれば味の調節がききます。

大根おろしにじゃことポン酢じょうゆを混ぜ、ゆでた青菜とあえる〈青菜のじゃこおろしあえ〉も大好きです。ポン酢の酸味を柑橘類の汁にして作ってみてください。すると、ほうれんそうでも小松菜でも、青菜1わ分をひとりで食べてしまうほど。同じようにじゃこを使っても、洋風に仕上げたければ〈青菜とトマトのじゃこドレッシング〉で。

ゆでて切り分けたほうれんそう1わ分の上に、トマト大1個分の角切りを散らし、じゃこドレッシング（ちりめんじゃこ½カップ、サラダ油大さじ3、酢大さじ2、しょうゆ大さじ1、こしょうとにんにくのすりおろし各少々）をかければでき上がり。美しい彩りのおいしい一品です。

洋風といえば、お浸しもいつもおかかじょうゆをからめた和風ばかりでは飽きてしまいませんか。〈グリーン野菜のオイルあえ〉photo p.108にすれば、イタリア風お浸しといったところでしょうか。

これはほうれんそう、小松菜、菜の花、クレソンといった青菜のほか、ブロッコリー、グリーンアスパラ、絹さや、いんげんなど、ゆでたグリーンの野菜ならなんでも合います。グリーンに限らず、カリフラワー、きのこ、かぶなどもOK。ゆでた野菜をオリーブオイルとあえるだけですが、新鮮なおいしさです。

ボウルに包丁の腹でたたきつぶしたにんにく、オリーブオイル（青菜1わ分に対して大さじ3程度）、塩、こしょうを加えてよく混ぜます。ここにゆでて切り分けた青菜をもう一度絞って加え、あえます。ほうれんそうのお浸しは苦手という男性やお子さんでも、パクパク食べてしまうので驚きです。

また、目先を変えて《小松菜の中国風お浸し》レシピ p.118というのも、ピリッと大人の味わいが楽しめます。この場合は、青菜をゆでるときに、沸騰した湯の中に塩のほかに油を数滴ふり入れてゆでます。

唐がらしや豆板醤は少し炒めてから材料とからめ

たほうが、辛みが香り高くおいしくなります。

また、春菊のように香りの強い青菜は、目先を変えて〈春菊のくるみあえ〉にするとおいしい。

ゆでた春菊1わは、3～4センチ長さに切って絞ります。むきくるみ½カップは、フライパンで軽く煎ってから半ずりにし、しょうゆ小さじ2と酒小さじ1を混ぜてよくすり、あえ衣を作ります。ここへ先の春菊を入れてあえれば完了。

煮浸しは野菜不足を補う我が家の定番料理

ゆでた青菜を使う料理で忘れてならないものに、煮浸しがあります。煮浸しは青菜に限ったことではありませんが、よく食卓に登場する我が家の定番料理です。煮浸しにはかつお節のだしなど、濃くておいしい和風だしの存在が欠かせません。というのも我が家の食卓は野菜中心、それに少しの魚か肉とい

小松菜の中国風お浸し

材料（2人分）

小松菜…1わ　塩・サラダ油…各少々　にんにく…1～2片　赤唐がらし…1～2本　豆板醬…小さじ1　ごま油・しょうゆ…各大さじ1½

作り方

❶小松菜は水に5分ほどつけて、塩とサラダ油を入れた沸騰湯でゆで、水けを絞って3～4㎝長さに切る。にんにくはたたきつぶす。

❷中華鍋にごま油を熱し、にんにくを加えて炒め、赤唐がらしと豆板醬も加えてさらに炒め、しょうゆを加える。

❸切り分けた小松菜を茎、葉の順に加え、ひと混ぜしてすぐに器に盛る。

★小松菜をゆでるときは、先に3～4㎝長さに切り分けてからゆでてもよい。この場合は、茎と葉に分けて冷水につけておき、茎の次に葉を入れてゆでるようにする。

うものですから。そこでよく登場する野菜のおかずが〈青菜の煮浸し〉というわけ。濃い和風だしのストックがあると、とても心強く、いつでも気軽にとりかかれます。

ほうれんそうなどの青菜1わはゆでて、4〜5センチ長さに切ります。鍋にかつお節のだし汁（223ページ）2カップ、しょうゆ、塩各小さじ⅔を加えてひと煮立ちさせます。ここへ、青菜の水けを絞って加え、しばらくおいて味を含ませます。器に盛って、糸がきかつおを乗せればでき上がり。

早く仕上げたいならサッと炒めるか生のままで

青菜の炒め物もおいしいものですが、仕上がりがシャキッとしていることが条件。ゆでるときと同様に、青菜を冷水につけてパリッとさせてから炒めると甘さが違います。ただし、茎と葉の部分では火の通り具合が違うので、冷水につけるときも茎と葉に分けておくと便利。まずボウルに冷水と葉を入れ、次にざるに茎を入れてボウルの中につけます。炒めるときは、先に茎を炒め、次に葉をざるにあけて時間差で葉を炒めると、動作にむだがありません。

〈青菜とベーコンのサッと炒め〉なら、先にサラダ油でベーコンとにんにくをよく炒めておき、時間差で青菜の茎と葉を炒めればＯＫ。味つけは塩でもしょうゆでもお好みで。最後にこしょうをふります。

photo p.108

あつあつのベーコンドレッシングをジャッとかける〈青菜のサラダ〉なら、ほうれんそう、春菊、クレソンなどの青菜が生でいただけます。

ドレッシングは細切りのベーコン100グラムをカリカリに炒め、酢大さじ2、オリーブオイル大さじ3、塩、こしょう各少々を加えてひと煮立ちさせて、これを生の青菜にかけます。

E　身近な夏野菜をふんだんに生かす

一年中店頭に並んでいるトマト、なす、きゅうり。でも本当はどれも夏野菜の代表選手です。いつでも手に入るのは便利ですが、野菜のもつエネルギーが損なわれているようで……。トマトにせよ、きゅうりにせよ、夏の太陽の光を浴びてつやつやと輝く露地ものの野菜をぜひ味わってみてください。少々値が張ることもあるでしょうが、それはもう忘れがたいおいしさですから。太陽を浴びて育ち、完熟した野菜は、つや、ハリ、色合いはもちろん、野菜本来のもつ香りやにおい、自然の甘みなどが全然違います。

収穫の時期になると一気に出回る露地ものの野菜。この元気で豊富な時期に傷ませることなく上手に使う工夫や、たっぷりの量をおいしく食べることができる料理をたくさん知っていると重宝すると思います。

また、この機会に上手に保存し、長い時間重宝しながら使いきる方法などもご紹介しておきましょう。

トマト——まず、おいしいトマトを探すことから始める

おいしさとまずさの差が出る野菜

私の父の故郷は福島県の会津若松。トマト、なす、きゅうりといった野菜は、もぎたてが食卓に上がるような食環境でした。だからでしょうか。母も野菜の選択眼には厳しく、東京暮らしの中でも千葉の田舎から二日に一度は朝採りの野菜をかついでくる農家のおばさんから野菜を買っていました。

本来の香り高く、味の濃い野菜を食べて育つと、ハウスもののトマトの味はまったく別物に感じてしまいます。トマトらしい味や香りが薄く、野菜としてのパンチがありません。じつは、トマトくらいおいしいものとまずいものの差がはっきり分かれる野菜はないのです。

おいしいトマトを食べたければ、いい品揃えの店を選ぶとか、おいしい野菜の入手ルートを探すなど、そこから始めるくらいの気持ちが必要です。

おいしい品種のトマトを知って探す

トマトにもいくつかの種類があります。私がよく使うものをいくつかご紹介しましょう。

冬の終わり頃から登場し、春にかけて出回るフルーツトマトの仲間。この種類は、どれをとっても間違いなくおいしいです。でも、たまにとんでもなく高い値段がついていることがあったり、夏には手に入れにくいなどの難点もあります。

夏になると野尻湖の家のそばの農家から、「桃太郎」という品種のトマトを取り寄せます。これはポピュラーな品種ですから皆様もご存じでしょう。信頼できる生産者から届けられたトマトは、太陽の光を浴びて完熟してから採取されていますから、色が濃く、手に乗せるとずしりと重みがあります。真赤な皮がパチッとはじけるように張りきって、果肉の厚みも感じられるトマト。そんなトマトなら、しばらくそのへんに置いてもすぐにヘタったりはしませんし、栄養的にも優れているはず。カットしても、切り口がシャープに仕上がります。

日本のトマトで意外においしいと思うのがチェリートマトです。気に入るようなトマトが手に入らないときは、これを使います。小さいながら味がしっかり濃くて、パチッと皮がはじけるほど身が締まっている。トマト本来のいい香りもします。

チェリートマトに限らず、野菜はどれも、香りのないものはだめだと思います。食べ比べ、少し努力して本当においしいトマトを入手してください。

私がこれほどおいしい野菜にこだわるのは、子ども時代に本物の味を覚えてしまったからだと思います。子どもは、親の与えるものをそのまま受け入れます。ピュアなものや本物の味を与えられれば、舌はしっかりそれを覚え、感覚は磨かれていきます。つねにアンテナを張りめぐらせ、本物を求めること――それはある種の訓練ですが、食べ物からもそういった教育は始められるのではないかと思います。

切れ味の良い包丁で切るか、ときにはちぎる

とびきりおいしいトマトなら、まず生でごくシンプルに、塩をつけるだけでおいしい。塩はゲランドの塩がよく合います。トマトを切るときは、よく切

れる包丁を使うこと。そうでないと切り口がつぶれて汚くなりがち。しかし、トマト好きの国イタリアでは、それを嫌って包丁を使わず、グッと指を入れて手で割るようにして食べることも多いのです。トマトを手でちぎると凹凸ができて表面積が広くなり、調味料の味もしみやすくなります。

この〈ちぎりトマトのサラダ〉は、固めのおいしい完熟トマトがあればこそ。トマトを食べやすく手でちぎり、塩、こしょうをふり、バジルもちぎり入れ、オリーブオイルをかけるだけ。冷やして食べますが、熱いパンにのせてもおいしいのです。

ちょっと奮発という日には、《生うにとトマトのパスタ》がおすすめ。春先から5月頃にかけて、少し暑くなったかなという日にいただく冷たいパスタ。こんなときこそ、フルーツトマトの出番です。

冷製パスタにする場合は、流水で冷やすときにパ

生うにとトマトのパスタ

材料（2人分）

スパゲッティーニ…160g　生うに…1箱（80g）
フルーツトマト…2~3個　イタリアンパセリの粗みじん切り…1枝分　オリーブオイル…大さじ3　塩…適量

作り方

❶トマトは半分に切り、種をざっと除いて一口大に切り、ボウルに入れる。イタリアンパセリと塩少々も加え、オリーブオイルの半量も入れて全体を混ぜる。ここへ生うにをのせ、ボウルごと冷蔵庫に入れて、食べる直前まで冷やしておく。

❷塩を入れた（湯1ℓに対し塩小さじ2）たっぷりの熱湯で、パスタをアルデンテ（少し芯が残るかたさ）より多少やわらかめにゆでる。ざるにあけて流水で粗熱をとり、パスタにオリーブオイルの半量をからめる。

❸器に②のパスタを盛り、①の具をのせる。上から塩ひとつまみをふる。

★スパゲッティーニはスパゲッティよりやや細い直径1.5mm前後のパスタ。

スタが締まってかためになるので、アルデンテより少しやわらかめにゆでておきます。

おなじみの「桃太郎」でもなんでも、とにかくおいしいトマトなら、いろいろな野菜を混ぜる前に、シンプルにトマトだけの味を存分に味わいましょう。

冷蔵庫でよく冷やした、おいしい完熟トマトを使うのが条件。このトマトを5ミリ〜1センチ厚さの輪切りにし、器に並べます。ここにしそ、バジル、イタリアンパセリ、玉ねぎの中から、手近にある香味野菜をふり、好みのドレッシングをかけます。トマトのおいしい時期は、こうしたシンプルな〈トマトサラダ〉がいちばんのごちそう。塩とレモン汁をかけるだけでもおいしいものです（48ページ）。

あまったトマトは保存食にして楽しむ

トマトがたっぷり手に入り、一回で使いきれないというときに、そのまま置いておくだけでは鮮度が落ちるばかり。トマトソースにするという方も多いでしょう。それもいい方法（128ページ）ですが、3日〜1週間の保存食としておすすめしたいのが、マリネやにんにくオイル漬けです。

〈トマトのマリネ〉は簡単。トマトは4つ〜6つ割りにして種を除き、玉ねぎは薄切りに。トマトの酸味を引き立てる少し甘めのドレッシング（油と酢を2対1の割合で混ぜ、塩、こしょう各少々に、砂糖を油の5分の1量入れる）にトマトと玉ねぎを漬け込むと、翌日からおいしくいただけます。プチトマトでもこの甘酢風ドレッシングのマリネをよく作ります。このときは味がよくしみるように、ヘタの部分に十文字の切り込みを入れておくのがコツ。

また、〈トマトのにんにくオイル漬け〉もスペイン風の保存食。おろしにんにく、オリーブオイル、タバスコ、塩、こしょうを混ぜて、4つ割りにしたトマトと大ぶりに切って塩をしたきゅうりを加え、一晩冷蔵庫で寝かせれば完成。

加熱したトマト料理はまた別のおいしさ

トマトならまず生で、とお話ししてきましたが、煮たり、焼いたり、ソテーしたりと加熱すると、生のトマトとは違う別のおいしさが味わえます。

まず、手軽にできるのがスープ煮にする方法。

ざく切りのトマトとセロリを鍋に入れ、スープ（230ページの鶏のスープなど）を加えて火にかけます。あくをすくい、弱火で10～15分煮て、塩、こしょうで調味すれば〈トマトとセロリのスープ〉のでき上がり。少し酸味のあるさっぱりした味わいは、食欲のないときでも口に入ってしまいます。

オーブンで焼いた〈ベークドトマト〉もトマトがおいしい夏ならではの料理。トマトを半分に切り、種を取って耐熱容器に重ならないように並べます。塩、こしょう、乾燥バジル（好みのハーブ）、オリーブオイルを各適量、そして粉チーズをたっぷりとふります。200度のオーブンで15～16分焼き、こんがりと焼き色がついたらでき上がり。おいしくて、トマトがたくさん食べられる料理です。

トマトのソテーは、肉や魚のつけ合わせに合いますが、チェリートマトを使えばより味わい深く、すぐにでき、可愛らしい。オリーブオイルにたたきつぶしたにんにくを入れ、香りが出たらトマトを加えてさっと炒め、塩、こしょうで味をととのえれば、〈チェリートマトのソテー〉の完成。

私の奥の手は「炒め煮」という水なしの加熱法

イタリアでは野菜そのものが持つ水分だけでじっ

くり火を通す「炒め煮」とでもいうようなソテーの仕方があります。トマトに限らずいろいろな野菜に応用できるのですが、水や酒を一切使わず、オリーブオイルだけで野菜がしんなりするまで、木ベラなどを使ってゆっくり炒めていきます。火は決して強くしないで。形を残して仕上げてもOKですが、やわらかくなった野菜をまんべんなくつぶせば、とろりとしたソース状に仕上がります。

〈チェリートマトのオイル蒸し煮〉photo p.109なら、先のようにオリーブオイルでたたきにんにくとチェリートマトを炒めたあと、火を弱めてときどき上下を返しながら水分が出るまで煮て、適度にくったりしてきたら塩、こしょうで完成。途中で、バジルなど好みのハーブを加えればさらにいいですね。

　トマトだけでなくカラフルなパプリカを加えて《トマトとパプリカの炒め煮》にしても、さらにボリュームのあるおかずになります。

　充分にやわらかくなった後に木ベラなどでつぶしてでき上がったソースは、パスタソースとして抜群のおいしさ。

　グリーンの野菜だけで炒め煮にしてつぶせば、グリーン色のソースになりますし、にんじんだけ、玉ねぎだけといったソースもおいしく、応用は無限大です。

　ちなみに先の〈チェリートマトのオイル蒸し煮〉も、つぶしながら煮ていけばトマトソースになります。煮かげんやつぶしかげんもお好みで、あまりつぶさず、ブルスケッタやピザにのせてもいいのです。

トマトもトマト缶も長時間煮るとおいしさアップ

　トマトは長めに加熱（20分以上）すると、うまみ成分のグルタミン酸が引き出されて、よりおいしさ

トマトとパプリカの炒め煮

材料（作りやすい分量）

パプリカ（赤、黄）…計4個　トマト（完熟のやわらかいもの）…2～3個　玉ねぎ…1/2個　にんにく…2片　オリーブオイル…大さじ3　塩…適量　こしょう…少々

作り方

❶パプリカは縦にそぎ切りにしてへたと種を除き、玉ねぎはみじん切りにする。にんにくは包丁の腹でたたきつぶす。

❷厚手の鍋にオリーブオイルとにんにくを入れて炒め、香りが出たら①の玉ねぎも加えて中火で炒める。

❸玉ねぎが透き通ってきたら、パプリカを加えて軽く炒める。トマトを手でつぶして入れ、ふたをして煮る。

❹水けが出てきたら塩、こしょうをふって火を弱める。ときどき上下を返しながら、全体がトロッとなるまで煮て火を止める。

が増します。ですから、いろいろな材料をトマト煮込みにすれば、おいしくなって当然のこと。とくに、たこ、鶏手羽肉や鶏骨つき肉といっただしの出る材料と煮込めば、これはもう最強のコンビです。

我が家では煮込み用には、完熟の「桃太郎」を使います。煮込みといえども、おいしいトマトを使うのがおいしい煮込み作りの鉄則ですから。

トマトのおいしさに不安を感じるようなら、トマトの水煮缶が生トマトより安定した味わいでおすすめ。イタリア産のしっかりしたメーカーのトマト缶を使えば、ラクなうえに、味に不安のある生トマトよりむしろ安定した味わいです。

ただし、イタリアのちゃんとしたメーカーのトマト缶を使うこと。イタリア製と書いてあっても、中国産のトマトを使ってイタリアで缶詰にした製品もあるので注意を。

下段で紹介する《たこのトマト煮込み》は、イタリア版のたこのやわらか煮。たこは中途半端に煮るとかたくなるだけなので、弱火でじっくり煮るのがコツ。パスタはもちろん、ご飯にも合う絶品おかずです。たこを鶏骨つき肉に替えてもおいしいですよ。

定番の〈トマトソース〉もトマト缶を使って作ると簡単。冷凍保存すれば、即使えて重宝します。

鍋にオリーブオイル大さじ4と、つぶしたにんにく2片を入れて、色づくまで炒めます。トマト缶2缶分（800グラム）を缶汁ごと加え、木ベラで果肉をつぶしながら強火で7〜8分煮て、塩とオレガノ各少々を加えて仕上げます。冷えたら、フリージングパックに入れ、薄く板状にして冷凍します。これは短時間で作るサラッとしたタイプのソース。濃くしたければ長時間煮込み、生トマトで作る場合は、最後に漉して種や皮を除くといいでしょう。

たこのトマト煮込み

材料（作りやすい分量）

たこの足…5本　オリーブオイル…大さじ2〜3　A〔にんにくのみじん切り…1片分　玉ねぎのみじん切り…1個分〕　セロリのみじん切り…1本分　トマトの水煮缶…1缶（400g）　B〔赤ワイン…1カップ　ローリエ…2枚　タイム…1本　トマトペースト…大さじ2　塩・こしょう…各少々〕

作り方

❶たこの足は食べやすい大きさに切る。

❷厚手の鍋にオリーブオイルを熱し、Aを入れて玉ねぎがすき通るまで炒める。次にセロリを加え、さっと炒め合わせる。

❸この鍋に①のたことトマトの水煮を缶汁ごと加え、Bも加えて、水分がほんの少しになるまで、弱火で1時間前後煮る。途中、焦げつきそうになったら、スープか水を補う。

なす

水分とあくを上手に抜いてから調理する

美しい紫紺色に仕上げるには焼みょうばんを使う

なすはとくに栄養的に優秀な野菜というわけではありません。でもがっかりしないで。淡白な味なのでどんな素材とも合わせやすく、とくにみそや油との相性は抜群。結果的に、パワーみなぎるおいしい栄養料理になっていることが多いのです。「なす紺」とよばれる深い紫色が美しく発色するように仕上げると、より食欲をそそります。

そのためにはまず「焼みょうばん」を入手してください。薬局やスーパーのスパイスコーナーなどにあると思います。なすの皮を美しいなす紺に仕上げるには、みょうばん入りの塩水になすをつけてから調理します。塩水はなめて塩辛いと感じるくらいしっかりした塩水、焼みょうばんは水1カップに対して小さじ¼から½くらい。なすは塩水につけることで、余分な水分やあくが抜け適度にしんなりし、皮の色がつややかに仕上がります。

あく抜きは大切。でもしなくていい場合もある

なすはあくが強い野菜。切り口が空気に触れると黒っぽく変色しますし、煮たり蒸したりしても、えぐみのあるあくが残ってしまいます。従って「あくを抜く」、このひと手間が大切です。切ったらすぐ、水に5〜6分つけます。あくとともに余分な水分を抜くには、塩水につけたり、塩をぬる方法も。

ただし、切らずに丸ごと煮たり揚げたりする場合や、切ってすぐ油で揚げたりする場合には、なすを水につける必要はありません。なすの揚げ物をするときには、あらかじめ油を熱しておくといった手順のよさが必要。水につけていなければ油はねも少なく、安心して揚げることができます。

なすを丸ごと使う場合は、まずヘタの下のがくの部分に包丁でぐるりと切れ目を入れます。次に、ひらひらしたがくの部分を手ではがすようにして取り除きます。新鮮ななすほ どこの部分にかたいトゲがありますから要注意です。頭を落として使う場合も、包丁はこのひらひらしたがくの部分に入れて切ると、食べられる部分まで切り捨てずにすみます。

また、なすを丸ごと煮たり焼いたりするときは、皮全体に5ミリくらいの間隔で浅い切れ目を入れておくと、火の通りも味の含みもよくなります。

塩で水分を抜けば、漬け物風やおかずに活躍

夏には必ずなすのぬか漬けを作りますが、そこまで手が回らないという方にお手軽漬け物をご紹介。まず最初に、なすを塩水につけたり、塩もみして、水分を抜いてしんなりさせます。

では、〈なすとしそのもみ漬け〉。なす3個は薄く輪切りか半月切りにし、青じそ20枚はせん切りにして水けをふき取ります。塩大さじ1弱と焼みょうばん小さじ¼に水1カップを入れてよく混ぜ、切ったなすをつけます。なすがしんなりしたら水けをよく絞り、先の青じそと混ぜればでき上がり。

イタリアでは、同じように塩をしたなすにミントの葉を合わせます。ミントの香りがさわやかな〈なすの前菜イタリアン〉は、なすを縦に5ミリ厚さに切り、塩をふって皿で重石をし、しばらくおきま

す。水けを絞ってサッと焼き（揚げても）、器に並べます。みじん切りのにんにくとたっぷり刻んだミントをのせ、オリーブオイルをかけ、食べるときにビネガー少々をふります。

なすを切らずに丸ごと使うなら、〈なすのしそはさみ〉がおすすめ。なす4個でやってみましょう。

まずがくを取り除き、縦に1本深い切り込みを入れます。塩大さじ1½、焼みょうばん小さじ½に水1カップをよく混ぜ合わせ、先のなすを入れ、浮かないように皿などをのせて2〜3時間おきます。しんなりしたら、よく水けを絞り、切り込みに青じそを1枚ずつはさみます。

塩もみしたなすをもっとメインおかずになるような料理に仕上げたいなら、《なすの塩もみとひき肉のカレー風味》はいかがでしょう。

なすに混ぜるひき肉はよく炒めて脂を出し、その

なすの塩もみとひき肉のカレー風味

材料（2人分）

なす…2〜3個　A〔塩…大さじ1　焼きみょうばん…小さじ¼　水…1カップ〕　豚ひき肉…100g　玉ねぎ（薄切り）…¼個　にんにく（みじん切り）…1片　サラダ油…大さじ1　カレー粉…大さじ1　こしょう…少々　しょうゆ…大さじ1

作り方

❶なすは長めの乱切りにし、Aを混ぜた塩水につけ、30〜40分おく。玉ねぎは水にさらす。

❷中華鍋にサラダ油を熱し、にんにくとひき肉を入れ、強火で水分がとんで表面がカリッとするくらいまでよく炒める。カレー粉、こしょう、しょうゆを加えて調味する。

❸なすと玉ねぎの水けをしっかり絞り、②と混ぜ合わせる。

★塩水につけて絞ったなすとさらし玉ねぎに、カリッと炒めたひき肉をまぶしたサラダ感覚のおかず。こうするとなすを炒めるよりずっと油を抑えられる。

脂で肉の表面がちょっとこげたかなと思うくらいまで、カリカリに香ばしく炒めるのがコツです。

なすは揚げたほうが軽い仕上がりになる

なすはそのまま長く炒めるとたっぷり油を吸って、重い仕上がりになります。そこで塩でしんなりさせてから軽く炒める、あるいは高温でサッと揚げるなどすると軽い仕上がりになります。

揚げたなすは、さらに料理してもそのままいただいてもおいしいものです。

揚げただけのなすを味わうなら、縦半分に切った後、大きく斜めに切って、切った端からすぐに揚げ油に入れるだけ。photo p.110ときどき網じゃくしで混ぜ、こんがりときつね色になったら終了です。なすのあく抜きもしないし、衣を作る手間もないので簡単です。

なすを揚げるコツは、1個ずつ切って、少なめの油でそのつど揚げること。何個分も油の中に一度に入れると揚げるのに時間がかかり、なすが油をいっぱい吸ってしまうので注意しましょう。

この〈揚げなす〉photo p.110をたっぷり作っておき、和洋華の味つけで楽しみます。洋風ならワインビネガーと塩で、和風ならしょうがじょうゆとねぎ、あるいはおかかじょうゆで、中華風ならごま油と豆板醤入りの中華ドレッシングでといった具合。市販のめんつゆにしょうが汁を加えたたれにつけても。

意外と簡単、揚げて作る焼きなす風

おいしさはよくわかっているものの、時間も手間もかかってついつい敬遠しがちなのが焼きなすです。そこで考えたのが、少ない油で丸ごとのなすを1本ずつ揚げるやりかた。

こうすればずっとラクで、油から上げたらすぐにphoto p.110骨抜きなどを使って皮をむきます。簡単なだけでなく、グリーンの色がなんともきれい。この〈なすの丸揚げ〉photo p.110を、しょうがじょうゆや練りごまじょうゆでいただくと、丸ごと焼いた焼きなすと同じようなおいしさです。

みそ炒めと煮物は母から味の秘訣を学ぶ

母が夏になるとよく作ってくれたのが〈なすとピーマンのみそ炒め〉です。なすとピーマン、みょうがを大切りにし、充分熱くなった油でジャッと炒めます。ここへみそと酒を少々入れ、最後に青じそをたっぷり手でちぎって加えます。砂糖は使わず、味の決め手はみょうがとしそ。

また、上等なだしでコトコトと煮たなすを、冷やしていただく《なすの煮物》も母の味です。

なすの煮物

材料（4人分）

なす…4個　A〔塩…大さじ2　焼きみょうばん…小さじ½　水…2カップ〕　煮汁〔だし汁…3カップ　塩…小さじ1強　酒…小さじ2　しょうゆ…適量〕

針しょうが…2片分

作り方

❶ なすはがくのひらひらした部分を除き、丸ごと使う。縦に5㎜幅の切れ目を入れて、Aを混ぜた塩水に30分ほどつけて、あく抜きをする。

❷ 煮汁の材料を合わせて①のなすを入れ、落としぶたをして強火にかける。煮立ったら弱火にして40分ほど煮る。

❸ 粗熱がとれたら冷蔵庫で冷やし、汁ごと器に盛り、上に針しょうがを飾る。

きゅうり——すぐに塩をふるか干して腐らせない工夫を

水分は抜いて保存する

きゅうりは乾燥にも低温にも弱いので、冷蔵庫の野菜室に保存しても、残念ながら日もちがしません。うっかり奥にしまい忘れていたりすると、すっかり傷んで台なしになっていたり……。

そんなふうにならないために、きゅうりが新鮮なうちにしておくことがあります。①塩をふる、②太陽の下で干す、どちらもきゅうりの水分を抜くやりかた。すると断然日もちが違ってきます。

まず、塩をふる方法。丸ごとのきゅうりに塩をし、ビニール袋や密封容器に入れておく。これだけでも違います。薄切りにしてから塩をまぶし、保存しておく方法もあります。そのまま夕食のサラダに使えますし、一日以上おけば簡単な浅漬け風に。

次に、きゅうりを干す方法。これはきゅうりに限らず、なすでもピーマンでもにんじんでも、いろいろな野菜で応用がききます。とくにきゅうりやなすは、ほとんどが水分のような野菜ですから、干すことで別のうま味や歯ごたえが生まれますし、かさが減るのでたくさん食べるにはもってこいです。

とにかく材料を5ミリ厚さくらいの薄切りにし、平らなざるなどに重ならないように並べ、太陽の下で日光浴させます。photo p.111干す時間はその日の天気や季節によるので、野菜の表面をよく見て、ほどよくしんなりした半干し状態にするのがコツです。

このように半干しにした野菜は、炒める、揚げる、あえるとどれもおいしく、独特の歯触りがたまりません。私は半干しのきゅうりとセロリを油で炒め、おかかじょうゆであえた〈半干しきゅうりとセロリのおかかあえ〉などが好きです。

切り方ひとつで表情と味が変わる

きゅうりは切り方次第で、料理の趣《おもむき》が変わります。細く角を立てたスティック状に切れば、フレッシュ感にあふれた料理になります。また味をうまくなじませるためには、皮をむきます。

まず鮮やかな〈きゅうりとディルのサラダ〉。きゅうりは、ピーラーで皮を薄くむき、縦半分に切った後、7～8ミリ幅で思いきり長めの斜め切りにします。ディル2本は手で適宜ちぎり、にんにく1片はみじん切りにします。ボウルに、サラダ油大さじ1½、レモン汁大さじ1、一味唐がらし、塩、こしょう各少々を混ぜ合わせ、準備しておいた野菜を入れてあえればでき上がり。

このサラダは長いスティック状の斜め切りがシャープで、皮むききゅうりのグリーンが鮮やか。ありふれたきゅうりのサラダがガラリと変わります。

また、味をしみやすくするためにきゅうりをたたくときには、すりこぎやめん棒を使います。きゅうりを軽くつぶれる程度にたたき、手で食べやすい大きさにちぎります。これに、白ごま、ごま油、米酢、豆板醤、しょうゆ各少々を混ぜたタレをかければ、〈きゅうりの中華風サラダ〉のでき上がり。

このたたききゅうりのやり方は、れんこんやゆでたごぼうなどにも応用でき、サラダばかりでなく、あえ物や漬け物にも向きます。

きゅうりの切り方で出番の多いのは、小口切り

（薄い輪切り）でしょう。ただ、意外に量は使わないので、半分が残ってしまったり……。そうならないように小口切りのきゅうりをたくさん使う定番サラダ《きゅうりとトマト、玉ねぎのサラダ》をご紹介します。長年食卓を飾る飽きのこない、ご飯のおかずにもなるサラダです。

作り方のポイントは、きゅうりと玉ねぎに塩をして前もって水けを出しておくことと、最初にサラダ油を材料全体によく混ぜ、野菜の表面を油でコーティングして水っぽくなるのを防ぐことです。

きゅうりは水出ししてから炒める

「野菜炒めをしたいけど、きゅうりしかないからだめね」。否、きゅうりは火を入れて食べるとおいしいもの。ただし、水けを多く含みますから、ちょっと塩をして水分photo p.111を出してから炒めるのがコツ。

きゅうり炒めの味つけもその日のメニューに合わせ、塩味やしょうゆ味、ちょっと酸味を加えてさっぱり味の《きゅうりの甘酢炒め》などもお試しを。

漬け物にすればより長くもつ

きゅうりが残ったら、浅漬けやピクルスにしておくのも長持ちさせる法。始めにご紹介した丸ごと塩をしてビニール袋に入れたきゅうりは、重石をして冷蔵保存すれば、〈きゅうりの即席漬け〉に。

また、〈きゅうりの即席ピクルス〉もおすすめ。きゅうり2本は小さく乱切りにし、玉ねぎ½個は薄切りに。ここへ塩小さじ2をふってもみ、しんなりしたら水けを絞ります。酢大さじ3と水2カップにキャラウェイシード、赤唐がらし、にんにく各適量、塩少々を合わせ、先の野菜に注ぎます。2～3時間後から食べられます。

きゅうりとトマト、玉ねぎのサラダ

材料（2～3人分）

きゅうり…2～3本　トマト…3個　玉ねぎ…½～1個　青じそ…10枚　塩…適量　ドレッシング〔サラダ油…大さじ3～4　米酢…大さじ2　しょうゆ…大さじ1½　こしょう…少々〕

作り方

❶きゅうりは小口切り、玉ねぎは薄切りにし、塩をふって混ぜ、水けが出るまでしばらくおく。
❷トマトはくし形に切り、しそは軸を除く。
❸①の水けを手でギュッと絞り、ボウルに入れる。ここへ②のトマトも加え、サラダ油を加えてよく混ぜてから、こしょう、しょうゆ、酢を加えてさらに混ぜる。
❹器に盛り、②のしそを手でちぎってのせる。

きゅうりの甘酢炒め

材料（作りやすい分量）

きゅうり…4本　炒め油（サラダ油、オリーブオイル、ごま油のいずれか）…大さじ2　しょうが…1～2片　酢…大さじ3　砂糖…大さじ1　塩…少々

作り方

❶きゅうりは斜め切りにし、塩をふって軽くもみ、しばらくおく。水けが出たら両手でよく絞る。
❷しょうがは皮ごとせん切りにする。
❸フライパンに油を熱し、しょうがを加えて香りが立つまでよく炒め、①のきゅうりを加えて軽く炒める。
❹砂糖を全体にふりかけ、酢を回し入れてさっと混ぜ、火を止める。

photo p.111

F 残りものでもOK いろいろな野菜を同時に楽しむ

いつのまにかちょっとずつ残ってしまった野菜たち。いっぺんにいただければ冷蔵庫も片付きますし、野菜も何種類も食べることができます。でも野菜だけで、家族が満足できるようなメイン料理ができるかしら、と思われる方もいらっしゃるのでは。野菜だけじゃボリュームが出ないし、肉や魚介が入らないと物足りないと決めてかかっていませんか。

何種類もの素材を使った料理は、それらがたとえ野菜であっても堂々としたメインの料理になりますし、何よりも要領さえわかれば、特定の材料がそろわなくても、いくらでも別のもので代用が可能です。それぞれの野菜の量も決まっていませんから、組み合わせも種類もその日次第。調理法も蒸す、煮る、揚げるからスープやソースにいたるまで、前菜程度の軽いものからメイン料理まで、いろいろと工夫できます。

ともかく、いろんな野菜をいっしょに合わせて楽しむ、残り物とは思えない、自由なおいしさをぜひ楽しんでみてください。

蒸し野菜

――ヘルシーでシンプル。蒸すという方法をもっと見直して!

自分好みの野菜を何種類か蒸してみる

温野菜のサラダをあなたはどのように作りますか。我が家の温野菜のサラダはゆでるよりも、蒸して作ります。この蒸すという方法が私は好き。ゆでるのとはひと味違って、栄養もうまみも素材にギュッと閉じ込められたままなので、どの野菜でもおいしく仕上がります。

春なら菜の花、春キャベツ、新じゃが、絹さや、スナップえんどう、グリーンアスパラ、新玉ねぎなど。「そんな野菜まで蒸して大丈夫ですか?」と驚かれるのが、チェリートマトやセロリ。蒸すとおいしく、セロリにいたっては葉まで食べられます。

夏になると、なす、トマト、ゴーヤ(にがうり)、いんげん、とうもろこし、ズッキーニ。秋には、きのこ類やさつまいも、里いも、山いもなどのいも類がおいしくなります。さつまいもや里いもを蒸していただくのは一般的ですが、意外に山いもを蒸してもほっこりしておいしいもの。

冬に入ると青菜や白菜などの葉物や大根、にんじん、かぶ、れんこん、ごぼうといった根菜やブロッコリー、カリフラワーなどの花菜。とにかく、蒸せない野菜はないとも言えそう。その上、塩分や油分も抑えられるうれしい調理法です。

こうした〈蒸し野菜〉photo p.112だけに限らず、鶏肉、豚バラ肉とか魚、貝類をいっしょに蒸してもOKです。

これは合わないといった先入観にとらわれることなく、いろいろ試してみてください。最後に野菜に串を刺してみて、少しかためくらいに仕上げます。

野菜はいろいろなかたさのものがあるので、同時に蒸し上げたい場合は、野菜の切り方を変えるのがコツ。火が通りにくい野菜は、薄く小さく。ある程度大きさをそろえて食卓へ登場させたいのなら、火の通りの早い野菜を蒸し器から少し先に出す、そうしたちょっとした心遣いが必要です。もちろん、やけどをしないように注意してくださいね。

蒸し器がなくても蒸し物はできる

さて蒸すための道具ですが、これは蒸す量に応じていろいろなタイプのものが考えられます。

大人数分を蒸す場合なら中華鍋に湯を沸かし、そこに中華せいろをのせて蒸します。ひとり分に最適のミニせいろもあります。同じように、大きさが合う湯を入れた鍋にのせて使います。また、上が穴あき鍋、下が水をはる鍋といった二段式の蒸し器もポピュラーです。深鍋の中にサイズの合った脚つきの網（スチームデッキ）を入れて蒸すという便利な道具もあります。私がよく使っているのは、穴のあいた中敷き付きの土鍋です。これは土鍋ごと食卓に出すのにぴったり。

今まで書いてきたどの道具もない、という場合でも大丈夫。専用の蒸し器がなければ、深鍋に水をはり、その中に野菜入りの深鉢を入れて煮立てる方法でもＯＫ。ただし、鉢の中に水が入らないように、水面は深鉢の半分まで。器の深さが足りない場合は、茶碗などを伏せた上に器をのせて蒸します。

たれや手作りマヨネーズを用意して

蒸し上がった野菜は、あつあつを食卓に。

シンプルな蒸し料理は、たれやソースを変えて何通りもの楽しみ方ができます。《自家製たれ》を用意してもいいですし、卓上に、しょうゆ、酢、練りがらし、豆板醬、柚子こしょうなどをそろえておいて、各自好みのものをその場で合わせていただいてもいいのです。

私は、《自家製マヨネーズ》を必要な時に必要な量だけ作ることにしています。バーミックスなど小型のハンドミキサーがそのまま入れられる口径の容器を用意し、中に材料をすべて入れて、一気に混ぜればあっという間にでき上がり。ハーブを入れたり、みそやわさびを加えたり、味のバリエーションも思いのまま。市販品のように保存料が入っていないので日持ちはしませんが、そのぶん安心です。

自家製たれ2種

[ドレッシング]…ごま油と酢を2対1の割合で混ぜ入れ、粗びきの黒こしょうと塩少々も加えて混ぜる。ポン酢しょうゆプラス大根おろしでも。

[辛みマヨネーズだれ]…マヨネーズにみそとおろしにんにく、豆板醬を各適量加える。豆板醬の代わりにコチュジャンでも。また、マヨネーズには柚子こしょうやオイスターソース、XO醬も合う。

自家製マヨネーズ

photo p.112

材料（作りやすい分量）

卵…2個　レモン汁または白ワインビネガー…大さじ2　にんにく（好みで）…1〜2片　塩・こしょう…各少々　オリーブオイルまたはサラダ油…2/3カップ

作り方

❶保存用のびん（筒形のジャムの空きびんなど）に材料をすべて入れ、ハンドミキサーの先端をさし入れて、全体がとろりとなるまで攪拌すればでき上がり。

★ハーブやわさび、みそなどを加えれば変化が楽しめます。

炒め煮

――イタリアで知った、水を一滴も加えない煮物

オイル煮とも炒め煮ともよべる独特の煮方

なすやトマトのように実を食べる野菜とか根菜が残ったら、多めのオイルで煮てみてください。

大きめにカットした野菜を厚手の鍋に入れ、野菜の間に包丁の腹でつぶしたにんにく、好みのハーブ（タイムとかバジル）、塩、こしょう各適量を加え、最後にオリーブオイルをたっぷりふりかけます。鍋にふたをして、弱火で野菜がやわらかくなるまで煮れば、〈いろいろ野菜のオイル煮〉のでき上がり。

あるいは、トマトの項目でお話ししたチェリートマトのオイル蒸し煮（１２６ページ）のように、鍋にまずたたきつぶしたにんにくとオリーブオイルを入れて香りを出し、これでいろいろな野菜を炒めてから、弱火で煮ていく炒め煮の方法もあります。

どちらも地中海沿岸地方ではおなじみの調理法。いずれも水は一滴も使わず、野菜から出る水分だけで煮込みます。これは日本料理にはない煮方。野菜が自分のもつ水分でやわらかくなるので、各野菜のもち味が生き、味わいの濃さはいわずもがな。手元にある野菜を、自在に組み合わせればＯＫです。

ラタトゥイユやカポナータを多めに煮て使い回す

南仏プロバンス地方の代表的な料理として日本でもおなじみの《ラタトゥイユ》は炒め煮の代表料理です。カラフルな夏野菜を数種類、煮込むのです

が、イタリアでも同じ調理法で、〈カポナータ〉という料理があります。フランスでは野菜を大きめに切って煮るのに対し、カポナータは各野菜を1～2センチ角に切って煮る、違いといえばそれくらい。トマト、なす、かぼちゃ、ピーマン、パプリカ、セロリ、ズッキーニ、いんげん、玉ねぎ、にんじんなど、好みの野菜を数種類、合わせて使います。

ラタトゥイユもカポナータも、たくさん煮て、冷蔵庫にストックしておけば、夏の常備おかずとしていつでも野菜をたっぷりとれます。朝の忙しい時間なら、冷たいままで野菜サラダ代わりに、昼はパンやピザの上にのせてチーズとともにあつあつを。

また、夜はスープを少し足して温めて汁ものに、そのまま前菜風に盛ってワインと、パスタソースとして、と出番はいろいろ。週末に多めに煮ておくと、忙しいウィークデイに役立ってくれます。

ラタトゥイユ

材料（作りやすい分量）

トマト…5個　なす…3個　パプリカ…2個　かぼちゃ…1/8個　ズッキーニ…2本　にんじん…1/2本　さやいんげん…100g　にんにく…1片　塩・こしょう…各適量　オリーブオイル…大さじ4　ハーブ（あれば）…適宜

作り方

❶ いんげん以外の野菜はすべて大きめの一口大に切る。いんげんは筋を除いて2つ切り、にんにくは薄切りに。

❷ 厚手の大鍋にオリーブオイルと①のにんにくを入れて炒め、香りが出たら煮えにくい野菜から順に炒めていく。まず、かぼちゃ、にんじん、ズッキーニ、なすを加えて炒め合わせ、全体に油が回ったら、トマトとパプリカを加え、しんなりするまでよく炒める。

❸ いんげんを加え、塩、こしょうをふり、あれば好みのハーブを加えてひと混ぜする。ふたをして、弱火で40～50分煮る。途中で様子を見て、適宜混ぜる。

★ 材料はすべてそろわなくてもOK。分量も厳密なものではありません。

野菜のポタージュ——野菜不足のときにはまずこれを

口当たりよく野菜がたっぷりとれるスープ

いつも野菜をたっぷりとるような生活を続けていると、食事に偏りがあるときは、からだが正直に信号を発してくれます。たまたま外食がちになったとき、肉料理ばかりが続いたときなどです。

そんなときは、無性に野菜が食べたくなります。青菜の煮浸しやあえ物を作って食べたりもしますが、時間に余裕があったり、胃が疲れていると感じたときなら、〈野菜のポタージュ〉を作ります。

これには、冷蔵庫にある野菜（もちろん残り野菜でもＯＫ）を数種ほど使います。まずスープで煮て薄塩をし、粗熱がとれたらミキサーにかけます。鍋に戻して温め、仕上げに生クリームを少し加えればでき上がり。

このスープのよいところは、何種類もの野菜が胃の負担にならずにスルリと入ってしまうこと。とてもおいしいので、疲れて食欲のないときや風邪をひいたときも、これなら口に入ります。野菜のビタミンや食物繊維が難なくとれることもうれしい理由。

もちろん野菜が1～2種類でもできます。にんじんだけのポタージュ（32ページ）は、まさにこの例。ただし、上手に作るために必ず入れたほうがいいのが玉ねぎです。玉ねぎは加熱すると自然の甘みが出るので、どの材料と合わせてもスープがおいしくなるのです。

好みに合わせて作り方を少し変える

同じ材料でも、その日の体調や好みによって少し作り方を変えます。比較的軽めにしたいときは、材料を最初からスープで煮ます（冷凍保存するならこちらを）が、もっとこっくり仕上げたいときは、材料をバターで炒めてから煮込みます。

このあとで攪拌する場合も、ミキサーを使えばなめらかに仕上がり、鍋の中にハンドミキサーを入れて攪拌すれば、粒つぶの残る仕上がりになります。

お腹のお掃除をしたいときは、食物繊維たっぷりの《ごぼうのポタージュ》がおすすめ。じゃがいもを加えると、よりとろみがつきます。

このスープは温めても冷やしてもおいしく、ご飯にも合うので、和食のおつゆ代わりにもします。

ごぼうのポタージュ

材料（2人分）

ごぼう…小1本　じゃがいも…小1個　玉ねぎ…1/4個
バター…大さじ1　水またはスープ…2カップ　塩・こしょう・生クリーム…各少々

作り方

❶ごぼうは皮をたわしで洗い、薄い斜め切りにして水に5分ほどさらす。じゃがいもは皮をむいて薄切りにし、水に5分さらす。玉ねぎは薄切りにする。

❷鍋にバターを溶かして水けをきった玉ねぎを炒め、透き通ってきたらごぼうとじゃがいもを加えて炒める。全体に油が回ったら、水またはスープを入れて煮立て、あくを取る。中火で野菜がやわらかくなるまで煮て、塩、こしょうで味をととのえる。

❸粗熱がとれたら、②をミキサーにかけてなめらかにする。鍋に戻し入れて温め、器に盛って生クリームを回し入れる。

★水の代わりに野菜スープ（235ページ）を使えばベター。

かき揚げ――どんな野菜でもできる、2種類の衣の作り方で楽しむ

野菜だけでも、じゃこや桜えびを混ぜても美味

冷蔵庫に少量ずつ残ったありあわせの野菜でもかき揚げにすれば、残り物に見えない立派なごちそうになりますから、ぜひ覚えておいてください。

じゃことか桜えびを常備していれば、さらにかき揚げが香ばしくできます。我が家の定番、〈じゃこと春菊のかき揚げ〉にはじゃこがつきもの。どんな青菜でもできますし、しかも少量でできるので、残り物の葉っぱがあるとついつい作ってしまいます。

また、じゃこや桜えびがなくても、少しずつ残った数種類の野菜を薄く切るか細切りにし、《なんでもかき揚げ》にすれば充分おいしいものです。

衣に卵を入れない場合と入れる場合の違い

ところでうちのかき揚げには、衣に卵を入れない場合と、入れる場合の二つの作り方があります。

薄切りの材料やすぐに火の通る材料の場合は、卵なしの薄い衣で作ると冷めてもパリパリです。

これは材料に直接粉をまぶして作る衣。そこへ少しだけ水を加えて混ぜるのですが、材料全体がなんとかまとまる最小限の水の量で止めるのがコツ。

一方、卵入りのふわっとした衣のかき揚げもおいしい。材料に直接、卵と小麦粉を全体にねっとりするくらいまで混ぜます。この《とうもろこしとさつまいものかき揚げ》はふんわりさっくりできます。

なんでもかき揚げ

材料（作りやすい分量）

かぼちゃ…50g　にんじん…3㎝分　れんこん…2～3㎝分　さやいんげん…6～8本　玉ねぎ…¼個　小麦粉…大さじ5～6　水…大さじ3～4　揚げ油…適量　塩…少々

作り方

❶かぼちゃは1㎝厚さのくし形切り、いんげんは筋を除いて2つに切る。ほかの野菜はすべて薄切りにし、以上をボウルに入れる。ここへ小麦粉を加えて混ぜ、冷水を大さじ1ずつ入れる。そのつど混ぜ、全体がのり状になってやっとまとまる程度のかたさにする。

❷揚げ油を中温よりやや低め（160度）に熱し、①を少しずつ菜箸でつまんで入れる。一度に入れず、3～4つずつ揚げるとよい。

❸途中で一度上下を返し、焦がさないようにしてカリッとするまでゆっくり揚げる。両面を箸でたたき、カンカンと乾いた感触になれば引き上げる。

❹揚げたてに塩をふる。

とうもろこしとさつまいものかき揚げ

材料（作りやすい分量）

とうもろこし（生）…1本　さつまいも…½本　卵…1個　小麦粉…大さじ3～4　揚げ油…適量　塩…少々

作り方

❶とうもろこしは実を包丁で削り取る。さつまいもは皮つきのまま1㎝角に切り、水に10分ほどさらす。水けをきり、とうもろこしとともにボウルに入れる。

❷①のボウルに卵を割り入れ、小麦粉を加えて全体がねっとりするまで混ぜる。

❸揚げ油を中温（170度）に熱し、②をスプーンですくって3～4つずつ揚げる。途中で一度上下を返し、焦がさないようにしてゆっくり揚げる。カリッとしたら油をよくきって引き上げる。

❹揚げたてに塩をふる。

グリーンソース――残ったハーブで作っておいて使い回す

量の決まりはなく、気軽に作って広く使える

ハーブというのはそれほど多くの量を使うわけではないので、よく残ってしまうことがありませんか。

そんなときは、イタリアンパセリ、バジル、セージ、オレガノ、ディルなどなんでも3～5種と、にんにく、オリーブオイル、塩、こしょうをいっしょにミキサーにかけて、《グリーンソース》を作っておくと便利。

ゆで野菜やゆで豆、焼いた魚やパスタのソースなどにぴったり。マヨネーズと混ぜたり、アンチョビを加えたりしても味の変化が楽しめます。

グリーンソース

材料（作りやすい分量）

バジル…3枝　イタリアンパセリ・ミント・ディル…各1本　にんにく…½片　オリーブオイル…大さじ3　塩・こしょう…各少々

作り方

❶ それぞれの材料は洗って、適当な大きさに切り分けておく。

❷ ①とその他の材料と調味料全部をミキサーまたはフードプロセッサーかハンドミキサーにかけて攪拌し、なめらかになったらジャムの空きびんなどに入れて、冷蔵庫で保存する。

★ いかや白身魚、まぐろの刺身にこのソースとマヨネーズ、しょうゆ少々を加えたものを合わせると、前菜はもちろん、ご飯にもパンにも合うおかずになるから不思議。

★ ハーブは材料どおりでなくても、適宜で。

香味野菜

――しょうが、わさび、にんにく、唐がらしを上手に使う

野菜を上手に扱うコツは、毎日の料理を格段にレベルアップさせる――そんなお話をしてきましたが、最後に味の引き立て役としてなくてはならない香味野菜について触れておきます。

しょうが、にんにく、こしょう、唐がらしなど、その香りやピリッとした味は料理には欠かせません。上手に使えば、料理がぐんと引き立ちます。

しょうがとわさびを上手に生かす

独特のスッとした香りと辛みが特徴のしょうがは、すりおろしたりみじん切りにして薬味に、薄切りやせん切りにして肉や魚の臭いを消しながら風味をつけるのに使います。一方、体を温め、風邪の予防や毒消しの効果もあるとか。

しょうがを使うときは、皮はむく場合と、むかない場合があります。しょうがは皮と身の間に強い香りがあるので、スープの香りづけや煮魚のように少し長く火を通すときは皮つきのままで。

せん切りにするなど、生で使うときは、皮を薄くむきます。皮は包丁でむかずに、スプーンの端をしょうがの皮に当て、皮をこそげ取ると、包丁でむくより香りが残ります。

また、おろししょうがやしょうが汁に火を加えて用いるときは、香りがとんでしまうのであまり加熱しすぎないようにしましょう。

おろすときは、面積の広い部分をおろし金に当

て、小さい範囲で細かく動かしながら。しょうが汁は、皮ごとおろして絞ったほうが香りよく仕上がります。おろしたしょうがを集めて、上から指でつまむように押して汁を絞り出します。

ついでに、わさびのおろし方についてもお話ししておきましょう。まず、茎のつけ根の部分を斜めに削り、イボイボの部分を包丁で除いて汚れを取ります。次に、茎のほうをおろし金に当て、ゆっくり「の」の字を書くように回しながらすりおろします。

私は料理の天盛りに針しょうがをよく使います。仕上がった料理にたっぷり針しょうがを盛り付けると、見た目に美しく仕上がるだけでなく、しょうがのおいしさでより料理がひきたちます。なるべく細いせん切りにした針しょうがは、しばらく冷水につけ、パリッとさせるのがコツ。このときバラバラに入れず、そろえて水にさらします。そのままの形で盛りつけ箸を使って水から引き上げ、キッチンペーパーの上へ。ペーパーで水けをとり、そのまま天盛りにすると美しく盛りつけられるというわけです。

使い残したしょうがは水けをふき、ラップで包むかポリ袋に入れて密封し、冷蔵庫で保存します。おろしたあとのしょうがなら冷凍保存も可能。1片ずつに分けて保存すると、すぐに使えて便利です。

にんにくは料理に応じた切り方をし、弱火で使う

イタリアンや韓国料理には不可欠で、疲労回復やスタミナアップ、風邪の予防などに効果があるにんにく。生のにんにくには防腐効果や殺菌作用もあり、にんにくや唐がらしをお米といっしょにしておくと虫がつかないとも言います。なによりも料理の味がぐんとおいしくなることがうれしいですね。

まず、緑の芽が出ていたり、乾燥しすぎたものは

避け、しっかりとした重みのあるものを選びます。木箱などに入れたり、ネットでつるし、風通しのよいところに置けば、常温で1～2か月はもちます。

にんにくは1片ずつに分けたら、包丁の刃元で根を切りながら、薄皮の一部をはがします。あとは包丁を使わず、切り口のほうから手でむくようにすると、すぐ薄皮がむけます。

初夏に出回る新にんにくの場合は、ほとんど芯がないので取る必要はありませんが、切って使う場合は芯を除くのが一般的。芯の部分にえぐみがあり、においも強いからです。縦半分に切って、緑色がかった芯があるようなら除きます。

早く強い香りを出したければ、つぶして使いましょう。刻むより、ずっと強く早く効果がでます。まな板に平らな面を下にして置き、包丁の腹を当てます。上から手のつけ根の部分でギューと押さえるか、げんこつでドンとたたいてつぶします。にんにくに大きなひびが入れば、バラバラになっていないので、煮込み料理などに入れた場合、あとで取り出すのもラクです。また、これをオリーブオイルの中で転がすときは、弱火でゆっくりと。オイルにいい香りが移ります。強火だとオリーブオイルの香りもとんでしまいますし、にんにくも焦げてしまいます。

パスタなどに用いるときは、横に薄切りにしてカリッと。青菜炒めなどのときは、繊維と平行に縦に薄切りにするか、さらにそれをせん切りにしてしんなりとした食感で。

にんにくチップにするときは、横に薄切りにし、油で炒めたり揚げたりして使います。油を高温にしすぎると、すぐに焦げて苦くなってしまうので、弱火でじっくり中まできつね色に火を通すように。するとカリッとして特有のにおいも感じられなくなります。これを料理全体に混ぜてもよし、サラダやパスタにかけても香味とうまみが倍増します。

にんにくの風味をまんべんなく全体につけたい場合は、みじん切りにして使います。へらなどで混ぜながら弱火でじっくりと炒め、よい香りが立ってから次の材料を入れるのがコツ。

また、たれやソースに混ぜる場合は、おろしにんにくにするとなめらかに混ざります。

赤唐がらしは辛さを調節して使う

赤唐がらしは、体を温め、発汗作用を促してくれるそう。別名「鷹《たか》の爪《つめ》」とも呼ばれ、どう使うかで辛さを調節できます。一味《いちみ》、カイエンヌペッパーなどは、赤唐がらしを粉末にしたもの。

乾燥品の赤唐がらしは、ぬるま湯か水で戻して使いましょう。早く辛みが出ます。赤唐がらしは種がいちばん辛いので、ほんのり辛みをつけたい場合には、種が出てこないように丸ごとで使い、調理の最後のほうに加えます。

もどした赤唐がらしの種を除き、小口切りにして使うと、ほどよい辛みが料理全体に行き渡ります。小口切りにするときは、キッチンばさみを使うと簡単。小口切りにして売られている既製品より、自分で切って使うほうが辛みや香りが出ます。

もっと辛みをつけたい場合は、手で2つ～3つにちぎり、種を除いて使います。少し種を残して使えば、さらに辛みが効いてきます。赤唐がらしがパリパリに乾燥しているときは、まず手で全体をもんでから種を除くとよく取れます。

にんにくといっしょに炒めるときは、にんにくがきつね色になったところに赤唐がらしを入れるのが一般的です。

第3章 よくある材料編

常備している材料を広範囲に利用する

どこの家でもほぼ常備している材料は、まず卵、そしてのり、あとはツナ缶、帆立缶、トマト缶などの缶詰類。セールで求めたり、いただきものをしたりで、いつも身近にあるのではないでしょうか。

でも、常備が可能な材料というのは、いつも見慣れているだけになんとなく新鮮味に欠けますし、料理もマンネリに陥りがち。「あら、こんな使い方もあったのね」という新しい調理法があれば、利用範囲が広がり、素材としての価値もグッと上がるでしょう。

たとえば卵。朝食やおべんとうにはよく使われるものの、意外にメイン料理にはなりにくい。保存がきく卵を主菜にできれば、買い出しに行けなくてなにもない日の夕飯が解決しそう！　また、巻き込んだり、裏返したりして作るのが難しい卵焼きやオムレツは、それをしないで焼く方法を工夫しましょう。ゆで時間とかたさの関係で神経を使うゆで卵を上手に作る秘密兵器もご紹介。

以上のように、お料理することはとても想像力をかきたてられる作業なのです。

卵

卵料理をメインディッシュに昇格させる

身近な材料とともに炒め物にするのが簡単

卵は比較的長くもちますが、生卵でいただくときはとくに回転の早い店で鮮度のよいものを選ぶこと。日付けを確認して購入し、生卵で使うときは新しいものを、加熱するときは古いほうから使うようにします。卵は先のとがったほうを下にして保存するほうが傷みにくくなります。

とかくシンプルになりがちな卵料理ですが、身近にある材料と炒め物にすると、あっという間にでき上がり、ボリュームもある一皿に。長ねぎの項でご紹介ずみのねぎと卵の炒め物（103ページ）もそのひとつです。

夏ならきゅうりと炒めると緑と黄色がとてもきれい。袋詰めのきゅうりはサラダに使っても、何本かは残りがち。意外と傷みも早いので、冷蔵庫に常備してある卵といっしょに〈塩もみきゅうりと卵の炒め物〉にすればもってこい。

きゅうりや大根の項でお話ししたように、水分の多い野菜は、塩でもんで水けを出しておくこと。塩けはきゅうりをちょっと食べて確認してください。

最初に好みの形に切った塩もみきゅうりを用意し、次に卵をほぐします。卵を溶くときは、箸先をボウルの底にこすりつけるようにして手早く前後に動かします。溶きすぎは卵のコシがなくなるもとなので、注意します。卵だけをふんわり炒めるところから始めます。卵は火の通りが早いので、決して最初からほかの材料といっしょに炒め始めないこと。

中華鍋またはフライパンは、熱に弱いフッ素樹脂加工のものより鉄製のものがおすすめ。ふんわり仕上げたい卵は、薄い煙が出るくらいに鍋をよく熱し、強火で一気に炒めることが大事。油もふつうの炒め物より少し多めに、よく熱した中華鍋に注ぎ、これもよく温めてから卵液を流します。

少しすると周囲からふわんと卵がもち上がってきます。これを逃がさずへらを入れ、大きくほぐすようにかき混ぜ、すぐに器にとり出します。いつまでも鍋に入れておくと、余熱ですぐかたくなってしまうので、器はあらかじめ横に。卵がふんわりした半熟状態になっているうちにとり出すのが鉄則。

同じ鍋に少し油を足し、好みでしょうがまたはにんにくの細切りを入れ、香りが出たら塩もみのきゅうりを入れます。サッと炒め、最後に先の卵を戻し入れて軽く混ぜればでき上がり。

卵との炒め物は、きゅうりに限りません。戻したわかめと卵、くし形切りのトマトと卵、にらと卵、どれもお気に入りの組み合わせです。炒め油はサラダ油でもごま油でもお好みで。

オーブンで作る卵焼きなら返さずに焼ける

和風の卵焼きや洋風のオムレツにたっぷり具を入れてボリュームのあるおかずにしたい、でも、具が多い卵焼きやオムレツは上手にひっくり返すことが難しい。具が卵から飛び出してしまったり、そうこうしているうちに卵が焦げてしまったり……と。

なんとかひっくり返さずに焼く方法はないかしらと考えた末、具入りの卵液を少し小さめのフライパンに流し込んで、そのままオーブンで焼く方法を思いつきました。これなら途中で返す手間もなく、きれいに焼けます。

用意するのは、直径18センチ前後の柄が鋳物製（鉄製など）のフライパン。この大きさですと卵5個分と具がちょうど納まり、4人分くらいが一度にできます。卵液がくっつかないように、最初にフライパンに油をなじませましょう。柄まで鋳物製のフライパンがない場合には、耐熱皿でも結構です。

器の準備ができたら卵液と具を入れるのですが、具のとり合わせ方しだいで、和風、洋風、中華風とバリエーションの応用がきくのもうれしい点。よく作る組み合わせを二、三ご紹介しましょう。

えびや白身魚などの残りがあれば、粗く刻んで卵とともにミキサーに入れ、ここにだし汁と調味料も加えて攪拌します。この生地を耐熱皿に入れてオーブン焼きにすれば、《すり身入り和風卵焼き》のでき上がり。具材が混ざり合ったなめらかな口当たりは、どなたにも喜んでいただけます。

また、同じやり方で、イタリア版の卵焼き《フリッタータ》もよく作ります。スペイン風のオープンオムレツに近い、仕上がりがかわいらしい楽しい卵料理です。卵にチーズと牛乳（または生クリーム）だけを加えて焼くというシンプルさ。卵液の上に好みのハーブを散らすとおしゃれ。

もっとボリュームを出したければ、手元にある野菜もいっしょに入れればいいのです。ブロッコリー、ピーマンやパプリカ、いも類、いんげん、きのこ、アスパラ、かぼちゃなど、このときは水けの少ない野菜を3～4種類選び、彩りよく立てるように並べて入れるのがコツ。生の野菜だけでなく、揚げたり炒めたりゆでたりした野菜でも結構です。じゃがいもや長いも、ズッキーニなど、生の野菜を入れ

すり身入り和風卵焼き

材料（作りやすい分量）

卵…4～5個　むきえびや白身魚…合わせて80ｇ　だし汁…大さじ3　酒…大さじ1　塩…小さじ$\frac{2}{3}$　みりん…少々　サラダ油またはごま油…適量

作り方

❶えびは背綿（白身魚なら皮と骨）を除き、粗く刻む。

❷ミキサーまたはフードプロセッサーに①を入れ、卵を割り入れる。ここへだし汁と酒、塩、みりんを加え、粒々がなくなる程度まで攪拌する。

❸柄まで鉄製の直径18㎝前後のフライパン（または深さのある耐熱皿）に油をなじませ、②の生地を平らに流し入れる。

❹170度のオーブンで25～30分ほど焼く。こんがりとほどよい焼き色がつき、中心部分が固まれば焼き上がり。

フリッタータ

材料（作りやすい分量）

卵…4～5個　おろしたパルメザンチーズ…大さじ3　牛乳…大さじ3（または生クリーム…大さじ2～3）　塩・こしょう…各少々　好みの野菜…3～4種（かぼちゃ…$\frac{1}{8}$個　玉ねぎ…$\frac{1}{2}$個　ピーマン…2個　生しいたけ…4～5個）　オリーブオイル（またはバター）…大さじ1

作り方

❶卵はボウルに割りほぐし、パルメザンチーズ（グリュイエールやプロセスチーズを刻んだものでも）、塩、こしょう、牛乳か生クリーム（なければ入れなくてもOK）を加えて軽く混ぜ合わせる。

❷直径18㎝前後の柄まで鉄製のフライパン（または深さのある耐熱皿）に油をなじませ、5㎜程度の厚さに切った野菜を彩りよく立てて並べる。

❸並べた野菜の上から①の卵液を回しかけ、170度のオーブンで20～30分焼いて中まで火を通す。

★もちろん、野菜の入らないシンプルなフリッタータもぜひお試しを。

たのとは違う食感が味わえます。たとえば、にんにくをバターで炒め、次に刻んだベーコンを加え、薄切りにしたじゃがいもも入れてさらにさっと炒め、ここへ卵液を流し込んでオーブン焼きに……これなどは簡単で、ボリュームのあるおかずになります。

フライパンでサッと作るユニーク卵焼き

オーブンで焼く卵焼きは流し入れて焼くだけですから手間いらずですが、多少時間がかかります。というわけで、さらに10分以内でできる卵焼きをご紹介しましょう。

中華風の卵焼き〈カニとあさつきの卵焼き〉photo p.169は、冷凍のタラバガニやズワイガニの身を使うとごちそうになります。

まず、ボウルに卵を割りほぐし、酒と塩で味をつけます。卵4個に対し、酒大さじ1、塩小さじ½～⅔くらいの割合。ここへカニを混ぜます。できるだけ大きなフライパンを用意し（写真では、直径30センチ以上のものを使用、小さい場合は卵液を減らす）、弱めの中火にかけます。ごま油を薄くひいて充分熱くなったら、先の卵液をいっぺんに流し入れます。卵液からカニ肉が見え隠れする程度の厚さになるように入れるのがコツ。卵にほぼ火が入ったら、小口切りにしたあさつきを全体に散らし、余熱で火が通りすぎないうちにまな板の上にとり、放射状に切り分けます。

ここから先がこのレシピの肝心なところです。大皿にもとのように円形に盛り、真中に針しょうがをたっぷりと盛る、そして酢じょうゆでいただく。この卵焼きは、しょうがと酢じょうゆをつけていただくところが新鮮でおいしいからです。

カニの身の代わりにカニ缶や帆立缶を使ってもい

いですし、卵の中にちょっと炒めたひき肉を入れてもいいのです。なにもなければ、残り物の切り干し大根やひじきの煮物でもOK。

じつは、台湾（台北）の鼎泰豊《ディンタイフォン》という店でいただいた小籠包《ショウロンポウ》からヒントを得たもの。ぜんぜん違う料理がヒントになっているのですが、何もないときにふと思いついて試してみたら大当たりだったという例です。たぶん、しょうがの香りと酢じょうゆの味わいが印象深かったからでしょう。潤沢に材料がそろっているとまでは言えなくても、キッチンには必ずなにかはあるはず。メニューに困ったら、外食しておいしかった料理の素材の組み合わせや味つけを思い出してみましょう。想像したり、知恵をしぼったら、実際に作ってみることが大切。なにもないときのほうがむしろおもしろい料理ができたりするもの。そう考えると「今日、なにかできないかしら」とワクワクしながらキッチンに立てます。

1枚のフライパンで8つの卵焼きを作る

いまや我が家でおなじみの一品《牛肉《レシピ p.162》入り卵焼き》も、ベトナムの高原の町ダラットで食べた卵焼きから生まれたもの。ごく普通の町のごはん屋さんに入ったのですが、すぐお隣にとてもおいしそうな料理を囲む家族がいて、つい店員さんに「あのテーブルと同じものを」と目で示して注文してしまいました。ラフなおかずでしたが、おいしくて経済的。帰国してさっそく、私流に作ってみました。

この料理のいいところは、直径26〜27センチのフライパンで、食べやすい小さめの卵焼きが8個、たちどころにできてしまうことです。流した卵液が少し固まったところで、菜箸で8等分し、ひとつずつ裏返し、さらに焼きます。小さいので裏返すのも簡単。そのうえ、すぐに火が通り、ボリューム感もたっぷり。これが充分主菜になります。

ゆで卵はゆで卵器で合理的に作る

サンドイッチのペーストとして、お弁当の彩りとして、あるいはトロリとした黄身の半熟卵など、ゆで卵はかくれた万能選手です。でも、ちょうどいいゆで加減で、しかも黄身が真中にあるゆで卵を作る――これには、かなりの気遣いと時間管理が必要です。水から入れて半熟卵で8～9分、固ゆで卵では15分ほど、黄身が固まるまではずっと卵を湯の中で転がしていなければなりません。ゆで上がるまでの時間を気にしていなければならないのも、ほかの料理の同時進行中には負担です。そこで、ゆで卵作りは専用のゆで卵器（東芝製）におまかせ……と割り切ることにしました。

牛肉入り卵焼き

材料（4人分）

卵…4～5個　牛薄切り肉…150g　玉ねぎ…½個

酒…大さじ1　塩・こしょう・しょうゆ…各少々　サラダ油…適量　香菜（あれば）…適宜

作り方

❶牛肉は一口大に切って塩、こしょうをし、玉ねぎは薄切りにする。

❷フライパンに大さじ1の油を熱し、①の玉ねぎをサッと炒め、牛肉を加えて炒め合わせる。塩、こしょう、しょうゆ各少々で調味し、粗熱をとる。

❸ボウルに卵を割りほぐし、酒と塩、こしょう各少々と②を加えて混ぜる。

❹フライパンに多めの油を熱し、③の卵液を流し入れてさっとかき混ぜる。ほんの少し固まってきたら菜箸で8つくらいに分け、それぞれ両面を焼く。

❺皿に盛り、あれば中央に香菜を飾る。

うちのゆで卵器は、卵と水を入れてダイヤルを合わせるだけで好みの固さのゆで卵ができます。たかがゆで卵ですが、されど、用途に合わせたゆで卵が完璧にスイッチひとつでできる、この安心感！

半熟に近い感じを残すくらいのゆで卵で作る卵サンドが、私は大好きです。この微妙な状態のゆで卵もゆで卵器を使えばちょうどいい具合にできます。これに少しだけマヨネーズを加え、塩、こしょうをして、フォークなどで白身も黄身もまだ固まりが残る程度にザッとくずします。じつは、私が卵の白身が苦手なので、この卵ペーストも白身の部分を3分の1くらい除けて作ります。これを白いパンにサンドすれば〈ゆで卵のサンドイッチ〉のでき上がり。

このくずし卵はご飯にも合います。ご飯の場合は、上にのせてしょうゆ少々をかけ、軽く混ぜます。焼きのりを手にとり、卵混ぜご飯をのせていただく〈ゆで卵ご飯ののり包み〉、じつはこれはあまりお話ししたこともない私のまかない飯。

同様に、半熟のゆで卵をフォークでつぶし、ゆでたグリーンアスパラガスにたっぷりまぶしていただく〈グリーンアスパラの卵ソース〉もおいしい。卵とアスパラの組み合わせは、フランスや北イタリアではポピュラーなもの。北イタリアではさらにゆで卵が温かいうちにバターを落とし、白トリュフを削っていただくことも。牧畜がさかんなイタリア北部では、バターやチーズをたくさん食べます。黒トリュフの場合はオリーブオイルが定番なのに、白トリュフはバター。イタリア旅行のミニ知識です。

目玉焼きを作るとき、サラダ油でなく、オリーブオイルを使ってみて。白身までカリカリに焼けます。白身は苦手という私も、このおいしそうなカリカリ状態を見ると、つい全部食べてしまいます。

しょうゆ味の煮込みにゆで卵が合う

かたゆで卵は、肉を少し濃いめの甘辛いしょうゆ味で煮込むとき、いっしょに入れて煮るとおいしいものです。

たとえば、豚の角煮や、八角や花椒（中国の山椒）の香りをつけて煮る鶏肉のしょうゆ煮などです。肉よりむしろしょうゆ色に煮えた卵が人気になることも……。半分に切ったものをいっしょに盛り付けると華やいだ一皿に変身します。

とくにおすすめは、しょうゆとナンプラーで煮る《豚肉のナンプラー煮込み》。これは、ベトナムの多くの家庭でいつも大鍋に作ってある毎日のおかず。日本のおでんのように、具と水と調味料を足しながら火を入れ続ければ長く食べられます。煮汁とともに煮卵をご飯にのせて食べると、やめられません。

豚肉のナンプラー煮込み

材料（作りやすい分量）

豚かたまり肉…800g　卵…4個　にんにく…4片　砂糖…大さじ1　しょうゆ…大さじ3　ナンプラー…大さじ4　黒粒こしょう…大さじ1

作り方

❶ふつうのかたゆで卵を作る。にんにくはたたきつぶす。

❷豚肉は大きめ（5～6㎝角）に切って大鍋に入れ、にんにくとすべての調味料、粒こしょうを加え、材料がかぶるくらいの水を加えて火にかける。

❸煮立ったら火を弱めてあくを除き、煮汁が2/3程度になったらゆで卵を加える。さらに煮汁が1/3ほどになったら火を止め、食べるまでそのままおく。

★豚肉は肩ロースなど好みの部位で。豚肉の代わりに牛肉を使ってもいい。

のり——湿気は厳禁、密閉保存して活用を

よいものを選び、湿気に気を遣う

つややかな光沢の上等ののりは香りはよいのですが、口の中に入れるとその厚みのために少しごわっとします。そこでいろいろ探した末に選んだのは、口の中で自然に溶ける食感で、磯の香りは抜群というもの。東京・大森のおろし問屋で何十帖とまとめ買いするので、それほど高くはつきません。でもこののりだと、なんでもない料理が数段引き立ちます。

のりもまた、実際に口に含んでみて、「これは香り高く、口当たりも申し分ない」と思える、本当に好きな品物をみつける努力を惜しまないことです。

私はイタリアにもこののりを持参しますし、イギリスに住む末娘にも送っています。ヨーロッパでもミラノやロンドンのような大都会ならのりは手に入りますが、味は期待できません。持参したのりで干し野菜の細巻き（248ページ）を作って、前菜としてお出しすると、初めてのりを食べるヨーロッパの人にも好評なのです。

いつも不思議に思うのですが、ヨーロッパはとても乾燥した気候なのに、日本の乾物のようなものはありません。あるとしても生乾きの状態のもの。ドライフルーツも、ソーセージもカラカラに乾燥させているわけではなく、少し湿り気を帯びています。なのに日本のような湿気の多い国で、のりをはじめ、ひじき、高野豆腐、青のりなど、乾燥に気を遣

う乾物が発達したというのはおもしろいですね。

とくにのりは完全な乾燥度を要求される食品。湿《し》気《け》ってしまうと独特のパリパリ感も香りも失くなり、おいしさが半減してしまいます。

母の時代にはのりの箱とか缶に大事に入れていましたが、私はステンレスの密閉容器に入れておきます。のりは外気に触れるときに湿気をよぶので、中から手早く出し、残りをすぐ戻すように、気を遣っていいます。密閉性の高いいい缶があれば、それでももちろんOKです。

ダイナミックに味わうとおいしい

のりというとふつう小さくちぎって少量使うイメージが強いようですが、うちではとにかくダイナミックにたっぷり使います。

その代表格が、〈クレイマー・クレイマーのサラダ〉。男性の子育てが話題になった映画「クレイマー・クレイマー」と時を同じくして、突然奥さんに入院されてキッチンに立つことになった友人に、「なにか僕にもできそうなものを教えてよ」ということで伝授したのが命名のきっかけ。いわゆるのりとレタスのサラダです。

レタス大1個にのり1帖《じょう》（10枚）の割合で使います。のりがかなりの割合です。氷水につけてパリッとさせたレタスは水けをよくきって、のりといっしょに大きくバリバリとちぎって器に入れ、オイルとしょうゆをかけるだけ。オイルはサラダ油、オリーブオイル、ごま油と、おいしい油であればどれでもOK。しょうゆの前にオイルであえておいて、レタスから水がでないようにします。ちぎるだけなら男性にも子どもにもできるでしょ。簡単な上に、ばかにできないおいしさです。

《のりとたくわんのおすし》ものりをたっぷり食べることができて、すごく簡単な一品。ともかく真っ黒なすし飯なので、お出しするとびっくりされます。すし飯に、のりと刻んだたくわん、いりごまを入れて、さっくりと混ぜる。photo p.170それだけ。シンプルな具だからこそ、素材のよしあしが味の決め手に。ご飯はもちろん、のりもごまも香り高いものを使ってください。ポイントは、たくわんの選び方。甘味が強いたくわんは合わないので少し塩辛いものを。

あっという間。のりだけの一品

私は子どものおやつというと、甘いものよりも酒の肴風のものが大好きでした。のりも大きいまま1枚をバリバリ食べていました。そんな私に母が作ってくれたおやつは、のり1枚にはけでごま油を塗って、塩をパッパッとふり、あぶったもの。まさ

のりとたくわんのおすし

材料（4人分）

米…3合（540cc） 水…3カップ弱 昆布…10～15cm 酒…大さじ2 合わせ酢〔米酢…80cc 砂糖…大さじ1/2～2（好みで） 塩…小さじ2/3〕 のり…1帖（10枚） たくわん…20cm いりごま…1/2カップ 紅しょうが…適量

作り方

❶米を炊く30分前にといで、分量の水（いつもより水を少なめに）、昆布、酒を加えて炊き上げる。

❷ご飯を炊いている間に、たくわんを細かく刻み、合わせ酢はよく混ぜ合わせる。のりは軽くあぶり、ビニール袋いっぱいに入れてくずしておく。

❸炊きたてのご飯を飯台もしくは大きめのボウルにあけ、合わせ酢を回しかけて切るようにして混ぜ、あおいでさます。

❹③のすし飯にのりの半量とたくわん、いりごまを加えてさっくりと混ぜ、器に盛る。上から残りののりをかけ、紅しょうがを飾る。

photo p.170

に〈韓国のり〉。のりをあぶる母の手つきをすぐ横で見ていると、四隅をフワッフワッと炎にかざすのです。こうすれば、自然に真中まであぶれるということを、目で見て学びました。韓国のりをわざわざ買わなくても、少し湿気ったのりやかたくゴワッとしたのりも、この方法でおいしくいただけます。

また、〈のりのつくだ煮〉も自家製にしています。香り高いのり一帖を細かくして小鍋に入れ、しょうゆ、酒、みりんをそれぞれちょっとずつ入れて、全体をしめらせます。この小鍋を弱火にかけ、アルコール分をとばす程度に火を入れれば完了。ここへ梅干しの果肉を少し入れてもおいしいものです。

上にあしらうときはたっぷりと

我が家ではのりを細切りにして少量使うようなことはしません。使うならのりの香りやおいしさを充分に感じる料理にしたいので、たっぷり使います。

よく作る青菜のおひたしにも、4つ切りにしたのりをいっぱいちぎって加えるとおいしくなります。小松菜、ほうれんそうなど、ゆでた青菜とおろし大根をあえ、上からすだちまたはかぼすの汁をギュッと絞って加えます。ここへ、しょうゆ少々をかけ、ちぎったのりをこんもりのせた〈青菜のおろしあえ〉。仕事で肉料理などが続いたとき、無性に食べたくなる料理のひとつです。

のりにかぎらず、仕上げにしょうがやねぎなどを上にあしらうときは、たっぷり、そしてこんもりと。香りや薬味としての味わいを充分に楽しめるように、そして見た目にも美しいように盛りつけます。すると、なんでもないいつもの材料でもなぜか素敵に見えるものです。

カニとあさつきの卵焼き
レシピ p160

すし飯にたっぷりの具を入れ、切るようにして混ぜる。
p167 参照

のりとたくわんのおすし
レシピ p167

ツナペーストのポケットサンド
レシピ p179

白身魚のセビチェ
レシピ p192

調味料を加えたレモン汁で、白身魚の刺身を締める。
p192 参照

オイル漬けは冷まし
てから密閉容器に
入れる。
p199 参照

魚のオイル漬け
レシピ p199

ラムのマリネ、えびとたらのマリネ
レシピ p202

牛肉とじゃがいものビール煮
レシピ p206

鶏肉とれんこんのスープ煮
レシピ p211

缶詰

ツナ缶、帆立缶、トマト缶などを常備

よいツナ缶を選び、最高のペーストを作る

ツナ缶はどこの家でも1～2缶は常備していそうな身近な缶詰ですが、その原料はまぐろ（まぐろの英語名がツナ）です。まぐろは基本的に玉ねぎと相性のよい素材です。

そこでツナ缶も玉ねぎと混ぜていただくと美味。《ツナペースト》レシピ p.178にも玉ねぎが欠かせません。玉ねぎが辛過ぎると食が進まないので、ふきんに包んで冷水の中でよくもみ、辛みを出してから混ぜます。

もうひとつ大切なのは、ツナ缶の選び方です。ツナ缶は身の大きさによってタイプが分かれています。かたまりがソリッド、ひと口大がチャンク、小さくほぐしたものがフレーク。フレークタイプはほとんどが油。多少高値でも油が少ないソリッドかチャンクタイプを使うほうが、量的にもおいしさからいっても、結局お得だと思います。

さて、ツナ缶をたっぷり使い、ツナペーストをまとめ作りすると、和・洋の料理に使えて大助かりです。娘たちも大好きで、2～3日はもつくらい作るのですが、結局はすぐに売り切れてしまいます。

小ぶりの塩むすびにツナペーストをのせた〈ツナむすび〉は大きめののりで各自くるんでいただくのが我が家流。温かいみそ汁を添えれば手軽な朝ごはんのでき上がりです。

また、刻んだキャベツとツナペーストをのりで包

んでいただく〈ツナペーストののり包み〉もおすすめ。輪切りにしたトマトやゆでじゃがいも、チコリなどにのせて〈ツナペーストの野菜カナッペ〉にすれば、パーティにも使えます。これをご飯のおかずにするなら、おしょうゆをたらりとかけて。

でもやはりツナペーストなら、〈ツナペーストのサンドイッチ〉が定番でしょう。薄切りにして塩もみしたきゅうりを混ぜてオープンサンドに。また、キャベツ、きゅうり、セロリなど身近にある野菜を塩もみして絞り、あればレタスなどを添えて、バターを塗ったサンドイッチ用のパンにのせ、この上にツナペーストを塗りサンドイッチに。

サンドイッチ用のパンがないから、ツナサンドができないということもありません。厚めの食パンをトーストして、厚みの部分に包丁を入れて袋状にし、この中に塩もみ野菜とツナペースト、レタスを

ツナペースト

材料（作りやすい分量）

ツナ缶…大1缶（165g）　玉ねぎ…大½個　マヨネーズ…大さじ3～4　塩、黒粒こしょう…各適量

作り方

❶玉ねぎはみじん切りにし、塩少々をかけ、ふきんに包んで塩もみをする。そのままボウルにためた冷水の中に入れ、手でよくもみほぐすようにして辛みをもみ出し、ふきんを強く絞ってよく水けをきる。

❷ソリッドもしくはチャンクタイプのツナの油をきって、フォークなどでほぐす。

❸①の玉ねぎ、マヨネーズ（好みで増減を）、塩を入れて全体を混ぜ、こしょうを挽いて加える。

たっぷりはさめば〈ツナペーストのポケットサンド〉photo p.171の完成。こうすれば具がたくさん入っていてもこぼれたりせずに食べやすいのです。

ツナ缶であえ物。軽く混ぜるのがコツ

シーフードと相性がいいアボカドを手軽なツナ缶と合わせてみたら、これが簡単なのにじつに合うのです。その〈ツナとアボカドのわさびあえ〉は、わさびとレモンを効かせるのがポイント。

ボウルの中にオリーブオイルを注ぎ、おろしわさびを少し多めに入れ、しょうゆも加えてドレッシングを作っておきます。ここへツナ缶大1缶をほぐして加えます。もうひとつのボウルにアボカド1個を大きめのひと口大に切って入れ、すぐに1個分のレモン汁をかけて色が変わらないようにします。これを先のツナのボウルに入れてさっと合わせるだけ。

このとき肝心なのは、軽くフワッと混ぜる程度にすること。グチャグチャに混ぜるくらいなら、むしろ混ぜないほうがいい。料理本には書かれていないことですが、じつは料理にとって、この手かげんというのがとても大切。ベストな手かげん、混ぜかげん、これは経験で覚えるしかないのですが、混ぜすぎるとまずくなる料理があるというのは知っておいてください。ふつう、あえものはサッと合わせるくらいのほうがおいしく、きれいに仕上がります。

先のサンドイッチに使う塩もみキャベツのせん切りなども、あまり細かく切り過ぎないこと。むしろざくざく切ったほうが、キャベツの味わいが伝わります。もちろん、料理によってはよく混ぜたり、細切りのほうがおいしくなる料理もあります。その手かげんが分かるのが料理の腕前というものです。

帆立缶はうまみを生かして使う

帆立缶はうまみがしっかりあるので、これを常備しておくと重宝します。そのままいただいてもおいしいですし、カニの代わりに卵焼きなどに入れたりもします。缶汁をドレッシングやスパゲッティのソースなどに加えると風味が増します。帆立の水煮缶にはヒモをつけたものと貝柱だけのものがあることも覚えておきましょう。

帆立の缶詰のごちそうといえば、まっ先に思いつくのが《帆立の炊き込みご飯》です。帆立缶は缶汁をすべて使い、きのこ類なども加えて炊くと、だしの出る材料どうしでますますおいしくなります。秋ならびん詰めの栗の甘露煮（甘いので水で洗う）を焼き網で（オーブントースターでもOK）こんがり焼き、上に散らすと季節感満点の演出になります。

帆立の炊き込みご飯

材料（4人分）

米…3合（540㎖）　A｛酒…大さじ3　しょうゆ…大さじ2　塩…ひとつまみ｝　水…（Aの液体と合わせて）3カップ（600㎖）　帆立缶…大1缶（200g）　しめじ…1½パック　にんじん…½本

作り方

❶米は炊く30分前に洗い、ざるにあげておく。しめじは石づきを取って小房に分け、にんじんは皮をむいてせん切りにする。

❷米と缶汁、Aの調味料と分量の水を軽く混ぜ、上に帆立、しめじ、にんじんをのせて炊き上げる。

❸ご飯が炊き上がったら上下を返すようにしてほぐし混ぜる。器に盛り、好みで焼き栗や青みの野菜を添え、彩りよく仕上げる。

帆立缶をレモン汁と合わせて調味料風に使う

帆立缶とせん切りの大根をマヨネーズであえるサラダはポピュラーな料理ですが、私はマヨネーズよりもさっぱりした仕上がりの〈帆立と大根のレモンあえ〉をよく作ります。

大根2分の1本（400グラム）を7〜8ミリ角の棒状に切り、塩小さじ1強を加えて塩もみし、30分以上おきます。水けを充分に絞った大根をボウルに入れ、帆立缶大1缶を缶汁ごと加えます。ここへレモン汁1個分を混ぜ合わせればでき上がり。

このままでもOKですが、セロリ1本を大根と同様にして加えると、さらに香りがよくカリカリとよい歯ざわりです。器に盛ったあとは、セロリの葉を細切りにして天盛りにすると彩りも香りもよくなります。セロリがないときは、大根の葉をさっとゆで、斜め細切りにして飾っても。また、帆立缶がない場合はカニ缶に変えてもいいですし、レモンの代わりに、せん切りしょうがを加えてもいいのです。カニと大根とセロリ、しょうがの組み合わせもとてもおいしい。料理はそのときあるもので臨機応変に作り、おいしい組み合わせを見つけるのも楽しいものです。

トマト缶で煮込むと、野菜、肉、魚介とも美味に

トマトの項目（127〜128ページ）でも触れましたが、トマト缶はトマト代わりの優れものです。トマトソース（128ページ）があっという間にできますし、トマト風味に煮込むと肉も残りものの野菜もたちどころにおいしい一皿に。

キャベツとベーコンと玉ねぎ、あるいは、にんじんとセロリとじゃがいもといった、いつも常備している野菜と組み合わせればいいのです。どんな野菜でも水、トマトの水煮缶といっしょに鍋に入れ、塩こしょうで煮込めばＯＫ。もの足りなければ鶏のスープ（230ページ）や野菜スープ（235ページ）を入れたり、水っぽければトマトペーストを加えればよい感じに仕上がり、トマト缶の懐の深さはキッチンの強い味方です。

もし加える野菜が、れんこんだけ、いんげんだけといったように1種類しかなくても、にんにく、玉ねぎなどの若干の香味野菜さえあれば大丈夫。〈れんこんのトマト煮〉のカリカリした歯ごたえ、〈いんげんのトマト煮〉のしっとりした味わい、どちらもおいしいものです。

まず香味野菜をみじん切りにしてオリーブオイルで炒め、香りがたったら、1センチ角の棒状に切ったれんこん、または筋を除いたいんげんを入れてサッと炒めます。ここへトマト缶を缶汁ごと入れ、ローリエ、塩、こしょうを加えて、野菜が好みの歯ごたえになるまでコトコトと弱火で煮込めばでき上がり。トマト缶さえあれば、いつでも手近にある野菜で、おいしい野菜料理が簡単にできます。

トマトの水煮といっしょに煮込むのは、野菜に限らず豚肉や牛肉はもちろん、鶏肉やラムも合いますし、あるいは魚介類でも大丈夫。香味野菜をたっぷり使い、肉をトマト缶でしっかり煮込んだ《肉のトマト煮込み》は、しっかり時間をかけて作るので本格的な南欧風の味わいに仕上がります。肉がやわらかくなったところに、好みの野菜を加えて煮ると野菜に肉のうまみがしみ込み、さらにおいしくなります。128ページでご紹介したたこのトマト煮込みの最後にいかやあさりなどを加えて〈魚介類のトマト煮込み〉にすればさらにボリュームのあるパワフルな一皿になります。

繰り返すようですが、くれぐれもトマト缶は信頼できるよいものを使ってください。

イタリア製のトマト缶は細長い形のイタリア産のトマト、サンマルツァーノ種が多く使われています。この品種は水分が少なくて果肉が厚く、甘みがあるので、加熱用にぴったりなのです。サンマルツァーノを丸ごとゆでたホール状のものと、使いやすく切ったカット状のものがあります。用途や好みで使い分けましょう。

ヨーロッパには、「トマトのあるところに料理の下手な人はいない」ということわざがあります。これは、トマトのうま味成分グルタミン酸が、長めに煮込むと、どんな料理もまろやかでおいしくしてくれるためです。

肉のトマト煮込み

材料（4人分）
豚肩ロース肉（牛肉、鶏肉、ラムでも）…400g
かぶ…6～7個（じゃがいも4個など好みの野菜で）
A（にんにく…1片　玉ねぎ…1個　セロリ…1本）
トマト缶…大1缶（400g）　オリーブオイル…大さじ4　スープ・塩・こしょう…各適量

作り方
❶Aの香味野菜は、フードプロセッサーなどでそれぞれみじん切りにする。豚肉は大きめの角切りにして、全体に塩、こしょうをふっておく。
❷鍋にオリーブオイルを熱し、①の香味野菜を入れてしんなりするまでよく炒め、豚肉を加えて色が変わるまで焼きつける。
❸トマト缶を缶汁ごと加え、スープをひたひたまで注ぐ。煮立ったら弱火にし、あくをとりながら40～50分煮込む。途中、水分が足りなくなったら水を足し、肉がやわらかくなるまで煮て、塩、こしょうで調味する。
❹皮をむき、大きめのひと口大に切ったかぶなどを入れ、野菜がやわらかくなるまで煮る。

豆腐——脱マンネリの使い方を

木綿豆腐は万能、絹ごし豆腐は料理を選ぶ

豆腐は今までご紹介した卵、のり、缶詰のように長期間保存できる食材ではありません。でも、手軽に入手できる材料ですから、広く生かす使い方を知りたい素材のひとつではないでしょうか。

豆腐というと意外にきまりきった料理にしてしまう家庭も多いのでは。

まず、木綿豆腐と絹ごし豆腐の使い分けですが、木綿豆腐というのは豆乳ににがりを加え、ほどよく水けをきったもの。少しかためで、大豆の味わいが強いので、炒め物や煮物、白あえ、鍋物、グラタンなど、ほとんどの豆腐料理に向きます。

絹ごし豆腐は濃い豆乳ににがりを加え、水けをきらずに固めたもの。やわらかい分くずれやすいので、こちらは作る料理を選びます。炒め物や豆腐ステーキなどには向かず、なめらかな口当たりを楽しむ冷や奴や豆腐サラダ、蒸し物などに向きます。

料理に応じて豆腐の水のきり方と程度を変える

昔に比べると最近の豆腐は、パックの中の水を無菌状態にしているので日持ちがよくなりましたが、その分、つい冷蔵庫に長くおきがち。新鮮なものほどおいしいので、早めに食べきることです。開封して残ったら水に浸けて保存し、サッと水洗いしてから使います。これもなるべく早く使いきること。

また、豆腐は料理によってそのまま使う場合と水切りして使う場合があり、水きりの程度も料理に応じて多少異なります。湯豆腐や鍋物にはそのまま、豆腐ステーキや豆腐のグリルを作るときはよく水けをきります。水きりをすると、豆腐がくずれるのを防ぐ上に、味が濃厚になります。

水きりにも、程度があり、料理の種類によって異なります。冷や奴や豆腐サラダなどのように軽く水けをきるなら、キッチンペーパーやふきんの上にのせておく程度。白あえや麻婆豆腐にするなら、キッチンペーパーやふきんの上の豆腐に軽い重石をして10~15分ほど水きりし、炒め物に使うときにはもう少し重石を重くします。豆腐ステーキや揚げ出し豆腐、豆腐のグリルなどに使うなら、重石の量を増やした上で1時間ほどおいて、豆腐の厚さが半分くらいになったところで使うといった具合。

冷や奴と煮奴は簡単料理の二本柱

暑い盛りには、豆腐はやっぱり冷や奴がいちばん。いちばんシンプルなのは、刻んだねぎを冷やした豆腐にたっぷりとのせた〈ねぎ奴〉。我が家では、オリーブオイルまたはごま油としょうゆをかけるのが定番です。私はここに粉ざんしょうをふるのが好きです。ねぎだけではなく、ザーサイやきゅうりもみじん切りにしてのせる〈ねぎ・ザーサイのせ奴〉。こちらは、少し中華風に、ごま油に豆板醤、塩、こしょうを加えたたれに変えて楽しみます。

じゃこか桜えび、あるいはおかかなどをカリカリに炒めて、にんにくじょうゆで味つけしてのせるとこれがじつに豆腐と合うのです。この〈炒めじゃこのせ奴〉は、サラダ油でカリカリになるまで炒めたちりめんじゃこにしょうゆとおろしにんにくを加えたものを豆腐にのせるだけ。あさつきを散らし、トマトをたっぷりそえれば、目にも鮮やかな冷や奴が誕生。じゃこ半カップに対して、にんにく1片分、しょうゆ大さじ1くらいの割合で作ります。

ほかにも細切りの塩昆布、削り節、あさつきの小口切りをのせた〈塩昆布奴〉や、肉みそとナッツ、梅肉と香味野菜など、トッピングはいろいろできます。「豆腐を土台に思いつく限り試してみる」、これは家族も喜んでくれる創造力のトレーニング。

冬の湯豆腐はおなじみのメニューですが、湯豆腐より味わい深く、鍋物より簡単な〈煮奴〉もよく登場します。豆腐と長ねぎを薄味のだしで煮るだけ。煮るといっても温める程度で、ツルッとした口あたりをねぎとともに味わうと、薄味でもおいしくいただけます。鍋にだし汁1½カップ、酒小さじ1、しょうゆと塩各小さじ½強を合わせた汁を煮立て、食べやすく切り分けた豆腐とねぎを入れてさっと煮ます。これを器に汁ごと盛り、削り節をのせます。あれば三つ葉、柚子の皮をあしらっていただきます。

よく水きりすれば炒め物や焼き物にも使える

よく水きりした豆腐は、炒め物に使えます。たとえば、〈豆腐と小松菜の炒め物〉。

小松菜はざく切りにし、茎と葉に分けて冷水につけておきます。中華鍋をよく熱してサラダ油を入れ、水きりした豆腐を手で大きくくずしながら炒めます。豆腐に焼き色がついたら、小松菜を茎、葉の順に加えて炒めます。最後に桜えびを入れて、塩、こしょうで調味し、しょうゆ少々を加えて仕上げます。

豆腐をステーキにする場合も、重石をして1時間ほどおき、しっかり水を出してから使います。

〈豆腐の香草風味焼き〉はよく水きりした豆腐を4

つ切りにし、塩を指でなすりつけるようにし、最後にこしょうをふります。フライパンにオリーブオイルを熱し、豆腐と生のタイムを入れて、豆腐の両面に焼き色がつくまで焼き、豆腐をとり出します。このフライパンに、赤や青のピーマンを入れてさっと焼けば、彩りの美しいつけ合わせもでき上がり。

　しっかりと水きりした豆腐をマリネ液に1時間以上つけ込んでから焼く方法もあります。この《豆腐と野菜のグリル》は、サンフランシスコのベジタリアンレストランで食べて病みつきになった料理。焼いている間のにおいが最高です。要は、しっかり水きりをすれば、豆腐も肉と同じ感覚で料理できます。

　最後にもうひとつ。白あえの衣作りは厚揚げをフードプロセッサーにかけ、これにすりごまと調味料を混ぜるのが私流。こうすれば豆腐の水きりやごまを擂る手間もいりません。

豆腐と野菜のグリル

材料（作りやすい分量）

木綿豆腐…大1丁　玉ねぎ…½個　なす…1個　赤・黄パプリカ…各1個　マリネ液〔オリーブオイル…大さじ4　レモン汁…½個分　おろしにんにく…1片分　タイム・ローズマリー（ドライ）…各小さじ1　塩…小さじ1　黒こしょう…少々〕

作り方

❶豆腐はふきんに包み、重石をして1時間くらいおく。厚みが半分くらいになったら重石を除き、6〜8つに切る。

❷玉ねぎはくし形切り、なすは1㎝厚さの輪切り、パプリカは6〜8つに切る。

❸ボウルにマリネ液の材料を混ぜ、①と②を1〜2時間くらいつけ込む。

❹ガス台のグリルかロースターの網をよく熱してから、③をのせて両面をこんがり焼く。

★ハーブは生ハーブがあればさらにいいし、なければローリエでもいい。

★材料を長めの金串に刺して焼いても楽しい。

第4章 魚介・肉類編

野菜をよりおいしくするために魚や肉を使う

マクロビオティクスという食事法をご存じですか。日本人が提唱し、アメリカで広まって自然食ブームの引き金になった食事法です。最近では日本にも逆輸入の形で入ってきて、広く知られるようになったようです。

大分以前、アメリカ旅行中にこのブームを知ったとき、まるで私の考えを代弁してくれているみたい、と思ったものでした。

健康で長生きするには、人間が捕獲して摂取する動物性食品は極力少なめに、代わりにその土地で生育している素材をできるだけ自然に近い形でたっぷりとるのが大事、という考え方。そのお手本がかつての日本人の食事というわけです。

私も時には肉をメインにした料理を楽しむことがありますが、どちらかを選ぶなら肉より魚介ですし、ふだんはご飯と野菜類が中心です。むしろ野菜をおいしく、たっぷりいただくために、肉や魚の力を借りるといった感じ。従って、私の料理本はどうしても野菜編に比べて、肉や魚編のボリュームが少なくなってしまうのです。

刺身

まぐろは冷凍したものをサクで買う

冷凍まぐろは芯が少し凍っている状態で切る

刺身といえば、まずまぐろ。まぐろのような大きな魚を、刺身にしやすい大きさの長方形に切ることを「サク取り」といい、切ったものは「サク」とよばれます。まぐろのように遠洋漁業が中心の魚は、ふつう冷凍して日本まで運ばれるので、お刺身の盛り合わせなどとして売り場に出ているものは、冷凍のまぐろを解凍したものがほとんど。

鮮度を考えて、私は凍ったままのまぐろをサクで買うようにしています。冷凍したサクのまぐろが売り場に出ていない場合でも、店の奥には必ずあるもの。上等なまぐろの、状態のいいものを分けてもらい、我が家の冷凍庫に入れておけば、「今日はなにもなくて」というときのごちそうになるのです。

冷凍まぐろは使う日の朝に脱水シート（ピチットシート）に包んで冷蔵庫に。脱水シートに余分な水分を吸収させながら、冷蔵庫でゆっくり解凍させるとドリップが出ず、うまみも逃げません。または、冷たい塩水に短時間浸して解凍する方法もあります。流水解凍は味が落ちるので要注意。上等のまぐろも、解凍方法を間違えると台なしになります。

解凍したまぐろを夕食に使う場合は、まだ芯の部分が少し凍っているくらいのときに、よく切れる包丁で切り分けます。切った刺身は5切れ、7切れと奇数の枚数を盛るのが正式です。

残ったまぐろは「づけ」にして味わう

解凍したまぐろが残った場合、再冷凍すると味が落ちてしまうので、「づけ」にします。「づけ」というとしょうゆに煮切ったみりんや酒（23ページ）を加え、刺身を漬け込むのが一般的ですが、私はみりんは入れず、しょうゆに煮切り酒のみのものに漬けるほうが、すっきりした味わいで好き。こうしておけば、次の日もおいしくいただけます。

ほかにも、まぐろのサクを1センチ厚さに切り、しょうゆとごま油、おろしわさびを混ぜたたれをからめた《まぐろのオイルじょうゆあえ》。ご飯にのせれば丼物に、香味野菜を増やせばまぐろのサラダになります。少量のごま油でそこそこのまぐろでもワンランクアップするから不思議。とても簡単なので、忙しいときのお助け料理に。

まぐろのオイルじょうゆあえ

材料（4人分）

まぐろの刺身…200g　貝割れ菜…1パック　長ねぎ（白い部分）…1/2本　たれ｛しょうゆ…大さじ2　ごま油…大さじ1　おろしわさび…小さじ1｝　いり白ごま…適量　レモン（あれば）…適量

作り方

❶ボウルにたれの材料を合わせ、1cm厚さに切ったまぐろを入れてあえる。

❷貝割れ菜は根元を切り、ねぎは5cm長さのせん切りにする。ともに冷水に放し、シャキッとさせて水けをきる。

❸野菜を別のボウルに入れて準備し、食べる直前に①のまぐろを加えてさっくりと混ぜる。

❹器に盛り、好みでごまやレモン汁をかけて食べる。

★香味野菜は季節に応じて、しそやみょうがなどを加えると彩りよく美味に。

★ごま油の代わりにオリーブオイルでも。

白身魚の刺身はそのままか、身を締めて味わう

鯛やひらめのような白身魚の刺身は、大根やにんじん、きゅうりなどの細切り（けん）や穂じそや青じそ（添えたものをつま）とともに、そのままいただくのが一般的。けんやつまは刺身の引き立て役であると同時に、食欲をそそる、口の中をさっぱりさせる、栄養効果を高めるなどの働きや、殺菌効果もあるので、ぜひいただくようにしましょう。

いつもお刺身そのままというのではつまらないので、時には白身魚を昆布締めやレモン締めにして。〈昆布締め〉は刺身を昆布ではさみ、水けを昆布に吸わせながら魚に昆布のうまみを移す方法。

また、《白身魚のセビチェ》photo p.172はメキシコの友人から教わったお刺身サラダ。白身魚のレモン締めを、タバスコのピリ辛味で味わう夏向きの料理です。

白身魚のセビチェ

材料（4人分）

白身魚（鯛など）の刺身…300g　A｛レモン…小1個　おろしにんにく…1片分　塩、こしょう…各少々｝　アボカド…1個　完熟トマト…大1個　玉ねぎ…1/2個　香菜…2〜3本　タバスコ・塩・こしょう…各少々

作り方

❶ 白身魚はサク取りしたものなら5㎜厚さに切る。

❷ ボウルにレモン汁を絞り入れ、にんにく、塩、こしょうを加え、①の刺身を入れてひと混ぜする。

❸ アボカドは種を除いて皮をむき、食べやすい大きさに切る。トマトはへたを取って乱切りに、玉ねぎは繊維に沿って薄切りにし、香菜は適当に刻む。

❹ 刺身が白くなったら、②のボウルに③の野菜を加え、タバスコ、塩、こしょうをふって全体を混ぜる。いただくまで冷蔵庫でよく冷やしておく。

★ アボカドはくずれやすいので、混ぜるときは手でさっくりと、しかもよく混ぜるようにする。

photo p.172

切り身魚

基本のレシピを覚えて応用する

切り身は厚みで選ぶのがおいしさの秘訣

ひと口大に切って焼いたり揚げたりする場合には薄くてもいいのですが、切り身魚一切れをそのまま焼き魚や煮魚にする場合は、魚の大きさより厚みで選ぶのがコツ。鮭やぶり、さわらといったおなじみの切り身魚は、薄いそぎ切りにすると一切れの表面積が大きく見えるので、特売の日などには薄い切り身になっていることがあるので注意します。

たとえば鮭をグリルで焼く場合、厚みがあれば外側の皮の部分はカリカリ、中はふんわりと焼けます。そう、切り身魚は、見た感じは小さめでもしっかり厚みがあるほうが、うまみが残っておいしく仕上がります。身が薄いとうまみが抜けやすい上に傷みも早いので、結局はあまりおすすめできません。

忙しいときは簡単フライパン焼きで手早く

まず、切り身魚がいちばん手軽に主菜になる調理法といえばフライパンでソテーする方法。

和風味に仕上げたいときは、〈鮭の和風ソテー〉がおすすめ。たっぷりのねぎと赤唐がらしのピリッとした味わいがポイントです。甘みの増した冬場のねぎを使うと、おいしいおかずになります。

フライパンにサラダ油少々を熱し、生鮭の切り身を入れて両面をこんがりと焼きます。余分な油をキッチンペーパーでふき、鮭の横に1センチ幅の斜め切りにした長ねぎと種を抜いた赤唐がらし2〜3本を入れてサッと焼きます。最後に酒としょうゆを回しかけ、2〜3分蒸し焼きにすれば終了。調味料は、生鮭4切れ、長ねぎ2本に対して、酒大さじ1、しょうゆ大さじ3の割合で加えます。

洋風味に仕上げたいときは、〈切り身魚のハーブ焼き〉。これは私の留守中に、娘たちがよく作っていた料理のひとつです。簡単でおいしく、ちょっとおしゃれなところがお気に入りの理由。生ハーブがないときは、ドライハーブでも。パンやワインに合い、しょうゆ少々をかければご飯にも合うので重宝します。切り身魚はかじきまぐろ、生鮭、たら、ぶりなど、どれでも応用自在というのもいいところ。

作り方をご紹介しましょう。切り身魚におろしにんにくを塗り、塩、こしょうして小さく切ったタイムまたはローズマリーをのせます。フライパンにバターを溶かし、両面を色よく焼けばもう終了です。

グリルで焼いてからたれをかける食べ方ならラク

ガス台にセットされたグリル。ここで下味もつけずに切り身魚をカリッと焼き、たれをかけていただく〈切り身魚のねぎだれがけ〉。鮭やたらに塩をふって焼くとたれの味が決めにくくなるので、調味はしません。ねぎだれは魚4切れに対し、しょうゆ大さじ3と酢小さじ1を混ぜて作ります。これに長ねぎ1本としょうが1片のみじん切りを加えれば完了。

基本の照り焼きと煮魚の調味料はすべて同割合に

おなじみの《ぶりの照り焼き》や《金目鯛の煮つけ》。照り焼きは酒、しょうゆ、みりんを各同量、煮魚は酒、しょうゆ、みりん、水を各同量が調味料の基本。これで、煮魚もすぐにできる簡単料理に。

ぶりの照り焼き

材料（4人分）

ぶりの切り身…4切れ　酒・しょうゆ・みりん…各大さじ3　サラダ油…大さじ2　にんじん…½本　れんこん…4〜5㎝

作り方

❶にんじんは皮をむいて斜め薄切りにする。れんこんは皮をむいて薄い半月切りにし、酢水に5分つける。

❷フライパンをよく熱してサラダ油を入れ、ぶりの切り身も入れて両面をこんがりと焼く。

❸ぶりをずらしながらフライパンに残った油をキッチンペーパーできれいにふき取り、酒とみりんを加えて一度煮立ったらしょうゆも加える。この3つの調味料は同量使うのが基本。

❹ぶりのわきに①のにんじんとれんこんを並べ、ふたをして3〜4分煮て全体に火を通す。

❺ぶりと野菜を器に盛り、残った煮汁を少し煮つめて上からかける。

★魚はさば、かじきまぐろ、生鮭でもよい。野菜もごぼう、玉ねぎ、グリーンアスパラなどと応用可能。

金目鯛の煮つけ

材料（4人分）

金目鯛の切り身…4切れ　わかめ（塩蔵）…20g　煮汁〔酒・みりん・しょうゆ・水…各⅓カップ〕　しょうがの薄切り…1片分

作り方

❶底の浅い平鍋またはフライパンに煮汁の材料を入れて火にかける。酒、みりん、しょうゆ、水はすべて同量加えるのが基本（より薄味好みならしょうゆを2割ほど減らしても）。煮汁が煮立ったところに、金目鯛を皮目を上にして並べ入れる。

❷鍋を傾けるようにして煮汁をスプーンですくい、金目鯛の皮にかけながら1〜2分煮る。

❸魚の色が変わったら、真ん中に丸い穴をあけたアルミ箔で作った落としぶたをかけ、浮かないように木の落としぶたものせて、中火で4〜5分煮る。

❹魚を器に盛る。わかめは水で戻してざく切りにし、残った煮汁でさっと煮て添える。

★魚はかれいやたら（たらはしょうゆを2割減）の切り身でもよく、わかめは長ねぎやわけぎにしても合う。

青背の魚――薬味や香草をたっぷりと効かせて味わう

傷みやすい青背の魚は準備段階から気をつけて

いわし、さんま、さば、かつおといった脂がのっておいしい青背の魚は、魚介の中でもとくに好き。その脂には、脳の活性化を助けるＤＨＡ（ドコサヘキサエン酸）や、血液をサラサラにするＥＰＡ（エイコサペンタエン酸）が豊富に含まれることが知られています。まさに「おいしいものは、からだにいい」という私の思いを実証してくれる食べ物です。

ところでこの青背の魚たちには少し弱点がありま す。それは、ほかの魚より傷みが早いこと。せっかくのおいしい魚をおいしくいただくために、調理前に気をつけることが2つ。これをおぼえておくだけで、おいしさに差をつけられます。

魚の目と腹を見て鮮度をチェックする

調理前に注意することの一つめは購入時の鮮度のチェックです。切り身魚より一尾魚が多い青背の魚は、鮮度が分かりやすいのはうれしい点。「目と腹を見て」がポイントです。目が澄み、黒目がはっきりしているものは新鮮。目が濁って赤みが出ているものは避けましょう。次に腹が張って締まっていること。一尾魚は内臓から傷み始めるので、腹がかたく締まっていればまず新鮮です。最後に尾がピンとし、全身のつやがよければもう完璧。

注意することの二つめは、購入したらすぐに冷蔵庫に入れて鮮度を保つこと。そのため、買物の最後に買うぐらいの注意を払ってください。内臓はとくに傷みやすいので、早めに下処理をして取り出しておくことも大切。次にいわしを例にお話ししましょう。

血を残さずに洗い、水けを徹底して除く

いわしの頭を落とし、腹側に手を入れて開いて内臓を取り除きますが、内臓の血も流水の下でよく水洗いすること。この血が残っていると火を通しても生臭さが消えず、保存するときも傷みの原因になりますから、腹骨から出てくるような血も指でしごくようにしてよく洗います。

このように下処理した魚は、ペーパータオルなどで皮の部分や腹の中の水けをしっかりふいてから使います。さらにいわしやさんま、あじなどの皮つきの魚は、焼くまで脱水シートに包んでおくと水っぽさが抜け、焼いたときに香ばしさが引き立ちます。このシートがない場合は、バットに角ざるをセットして魚を並べ、上から塩少々をふります。15～20分すると皮に水けがで出てくるので、ペーパータオルで軽く押えるようにしてふきます。

ここまで下処理しておけば、あとはどう調理してもおいしく、脱水シートに包んだままフリージングパックに入れて、冷凍保存も可能です。

グリル焼きは中を温めてから魚を入れる

青背の魚は刺身や酢締め（104ページ）にしていただくのもよいものですが、家庭で手軽においしくというとやっぱり〈塩焼き〉でしょう。

ガス台のグリルを使うと、魚はとてもおいしく焼けますが、グリル内の温度を充分高くして魚をのせるのがコツ。高温で短時間に火を通すのがグリル焼きのポイントです。ここへ、下処理をして水けをふいた魚に、まんべんなく塩をふって焼きます。プロの料理人は、塩は握った指の間から落とすのだとか。私は高いところから指先でちりちりともむようにしてふると、ムラなくふれるように思います。

下処理した青背の魚に塩をふらずそのまま焼いて、焼きたてをジュッとたれに漬ける〈いわしのグリルにんにくじょうゆ漬け〉もとても美味。にんにくが苦手なら、しょうがでも柚子でも。

いわし4尾に対し、しょうゆ大さじ2、おろしにんにく少々を混ぜたものがたれ。焼いている間に準備しておけばいいので簡単です。私はこれに、たっぷりの大根おろしとちぎった青じそを山盛りにのせていただくのが好きです。脂ののった魚、さっぱりおろしとしその香りのハーモニーが絶妙。いわしのほか、あじやさば、さんま、いさきなどの青背の魚でも応用可能で、薬味たっぷりがおいしさの秘訣。

いつもと目先を変えて楽しむ煮魚とすり身

青背の魚を煮るときも切り身煮と同様に、酒、みりん、しょうゆ、水を同量ずつ加えた煮汁で煮ればいいのですが、それぞれ½カップずつ混ぜた煮汁にカレー粉大さじ3を溶いて〈青背魚のカレー煮〉にすると、変化球の味が楽しめます。

また、魚のすり身もフードプロセッサーで作ると簡単。頭を落として3枚におろしたいわし。皮も小骨もそのままざく切りにし、しょうが1片、片栗粉大さじ1½（いわし4尾で）、塩少々を加えて粗めにミンチにすると、アッという間にすり身に。これにごぼう1本分を大きめのささがきにしたものを混ぜてひと口大に揚げた〈いわしのごぼう天〉。ごぼうたっぷりの味がうけ、今や我が家の定番料理です。

青背の魚はオリーブオイルとの相性も抜群

青背の魚は上手な保存法を覚えておくと、安売りのときに安心してまとめ買いができます。冷凍するのもそのひとつですが、作っておけばすぐに使えるおいしい魚の保存法があります。〈魚のオイル漬け〉photo p.173がそれで、いわしやかじきなどにぴったり。

鍋に塩少々をふった魚を並べ、にんにくのスライス、ローリエ、丸ごとの赤唐がらしをのせます。オイルをかぶるくらい注ぎ、黒粒こしょうをパラリ。弱火で30分以上、できれば1時間ほど煮て冷まし、油漬けphoto p.173のまま保存します。そのままサンドイッチやサラダ、さらにグリル焼きなどと幅広く活用。

また和風のかつおのたたきもいいですが、オリーブオイルで軽く焼いて《かつおのたたきイタリアン》にしても目先が変わっておいしいものです。

かつおのたたきイタリアン

材料（4人分）

刺身用かつお…2節　玉ねぎ…½個　にんにく…2～3片　ケイパー（あれば）…6～7個　オリーブオイル、レモン…各適量　塩・こしょう…各少々　ディルまたはイタリアンパセリなどのハーブ…適量

作り方

❶かつおは軽く塩、こしょうをふる。フライパンにオリーブオイルとスライスしたにんにくを入れ、香りがたったらかつおを入れて表面だけを全体的にさっと焼き、網などにとって冷ます。

❷玉ねぎは繊維に沿って薄切りにし、冷水にさらしてよく水けをきる。

❸①のかつおを1㎝厚さに切って皿に並べ、②の玉ねぎ、ケイパー、①のにんにくをのせ、ハーブとレモンを添える。

❹オリーブオイル、レモン汁、塩をかけて食べる。

えび・いか・たこ——マリネ術を覚えると味の世界が広がる

えびやいかの「隠れ水分」に注意

えびは冷凍しておくと幅広い料理に使えて重宝しますが、解凍方法を誤るとおいしさが台なし。いろいろな解凍方法があるようですが、うちでは、えびが生活していた海の状態にもどしてあげる気持ちで、海水の濃さの塩水（水1カップに対して塩小さじ1強）につけてひと晩、冷蔵室に入れておきます。これで冷凍独特の臭みが消え、余分な塩分が出て、プリッとした張りが戻っておいしくなります。

えびやいかを料理するときの注意点をひとつ。煮物や鍋物に使うときはいいのですが、炒め物や揚げ物のように油を使って料理するときには、どちらも「隠れ水分」を持っているということを充分に意識する必要があります。とくに天ぷらなどの揚げ物をするときは、完全に水分を除いてからが鉄則。

えびは尾の先端と、尾を開いたとき尾と尾の間にある尖った部分（剣先《けんさき》）の先端を切って、中の水分を包丁の刃先でしごき出しておくことです。

いかは足の部分に注意。洗いながら手で吸盤をしごくようにこそげ、足の先端部は少し切り落としたほうが安心です。ちょっとした不注意で、便利でおいしいえびやいかが油はねして、嫌いになったらもったいないことです。

ちょっと話が横道にそれますが、私の父は珍味類が大好きで、「いかの塩辛」とか「酒盗《しゅとう》（かつおの内臓の塩辛)」が好物でした。これらを小さな器に入れ、米酢を数滴ふりかけ、あさつきの小口切りをたっぷり入れていただく。これがとてもおいしかった思い出が……。お酒呑みには朗報でしょ。

素材には味の相性のよいものがある

たこ、いか、えびを使った料理というと本当に幅広く、いろいろと考えられますが、トマトの項でご紹介した、たこのトマト煮込み（128ページ）のように、トマトとの相性はどれも抜群。

ところで、たこ、いか、えびで私がいま作りたい料理といえば、ゆでたじゃがいもとかカリフラワー、ゆでた豆など、なぜかほっこりした味わいの野菜と合わせたサラダ。あえるのは香草たっぷりのグリーンソースがぴったり。《豆たこのグリーンソース》なら白ワインに合う素敵な前菜になります。

豆たこのグリーンソース

材料（4人分）

ゆでた豆…1カップ（白いんげん豆、ひよこ豆など。ゆで方72〜73ページ）　刺身用たこ…100g　きゅうり…1〜2本　玉ねぎ…½個　グリーンソース（148ページ）…倍量　黒粒こしょう・レモン…各適宜　塩…少々

作り方

❶ たこは太い部分から細い部分に向けて薄くそぎ切りにする。

❷ きゅうりは薄い輪切り、玉ねぎは繊維に沿って薄切りにし、ともに塩でもんでしばらくおき、しんなりしたら水けをギュッと絞る。

❸ ボウルにゆでた好みの豆と①、②の材料を入れ、グリーンソースであえる。好みでこしょうを挽き、レモンを絞り入れる。

★ たこをえびやいかに変えたり、豆の代わりにゆでたじゃがいもやゆでたカリフラワーにしても合う。

マリネしておくと深い味わいが生まれる

末娘の住むロンドンで、彼女がお気に入りの中近東料理のレストランにいっしょに出かけたことがあります。イギリスにとって中東は最も身近でエキゾチックな国。シェフはレバノンの人でした。

出てくる料理は、えび、たこ、白身魚の料理、ラムの肉料理、どれも、「スパイシーでこの深い味わいはいったい……」という驚きにみちたおいしさ。たちまち虜《とりこ》になってしまいました。

どうしてこんなに複雑な味わいが出せるのかしらと思いながらも、その店に通っているうちに、ある日シェフがキッチンを見せてくださることに。なんと写真を撮ったり味見もどうぞと言ってくださって「なんと心の広いこと」と感激しました。

大きい冷蔵室の中で目にしたものは、ずらりと積み上げられたバットの山また山。えび、たこ、魚、肉や野菜など1週間分ほどの材料が、マリネして置いてあるのです。マリネするのは中近東料理の常識なのだとか。

もちろんさっそく実行です。〈えびとたらのマリネ〉photo p.174、〈ラムのマリネ〉photo p.174など、とにかく魚介でも肉でもバットに並べ、まず塩、こしょうをします。それにクミン、コリアンダー、シナモン、カレー粉といった好みのスパイス、にんにくや玉ねぎなどの香味野菜や各種ハーブなどをのせます。あとはオリーブオイルをかけて漬け込んでおくだけ。これで1週間はもつので、その間、グリル、揚げ物、ソテーにと即利用できます。まとめ買いして作れば安価ですし、時間も節約できて、おいしくなるのです。

このレバノン人のシェフには私が和食を作ってあげる約束をしましたが、まだ実現していません。

牛肉・豚肉

肉本来のおいしさを存分に引き出す

肉の部位の特徴を知って選ぶ

牛肉や豚肉は部位の種類が多く、それぞれによって脂肪のつき方や肉のやわらかさが違います。

牛・豚ともヒレ肉やもも肉、牛肉のランプ肉は、脂肪が少なくやわらかい部分。逆に牛・豚のバラ肉（三枚肉）や牛肉のリブロースは脂肪が多くやわらかい部分。この中間が肩ロースやロース肉で、適度な脂肪とうまみがあります。肩肉は筋が多くややかためですが味は濃厚です。また胸肉の一部のブリスケは脂肪が多くかためですが、煮込みには適当。

牛肉にはサーロインというやわらかで、脂肪もほどよくのった部位があります。焼くとすばらしい風味が出ることから、ステーキ用の肉として最適とされています。

私はブリスケとランプ肉をよく使います。

お買い得のこま切れ肉は下味に酢を使う

牛肉や豚肉は各部位ごとに形をととのえてカットされますが、このとき出た切れ端を集めたのがこま切れ肉や切り落とし肉です。同じ部位のみの場合も、何種類かの部位が混ざっている場合もありますが、切れ端なのでほかの肉よりお買得です。

炒め物には切る手間も省けてこの肉がぴったりですが、炒める前のこま切れ肉の下味に、酢少々を入れてみてください。がぜん肉がおいしくなります。

いつもの《牛肉とアスパラのかき油炒め》も肉に酢をかけておくとやわらかく、さっぱりした味わいに。
また、グリーンアスパラのようにかたい野菜を炒めるときは、炒める直前まで水につけておいてしっかり素材に水を含ませ、水きりもせずに炒めます。こうすれば直接炒めても焦げるようなことはありませんし、歯ごたえも残っておいしいのです。面倒な下ゆでや油通しはしなくてもＯＫ。

肉は厚く切って焼くほうが断然おいしい

自他ともに認める野菜好きですが、たまにはたっぷり肉を食べたくなるときもあります。そんなときはガス台のグリルで、リブロースを網焼きにします。すると余分な脂が適度に網から落ち、失敗もなく上手に焼けます。ただし、肉の厚さは通常の３倍くらいに切ってもらいます。大きさはあきらめて

牛肉とアスパラのかき油炒め

材料（４人分）

牛こま切れ肉…２００g　グリーンアスパラ…10本
A｛ごま油・酢・砂糖・酒…各小さじ２｝　片栗粉…小さじ２　サラダ油…大さじ２　しょうゆ・オイスターソース（かき油）…各大さじ１強

作り方

❶グリーンアスパラは根元のかたい皮をむいて４〜５㎝長さに切り、炒めるまで水に浸けておく。
❷牛肉はAの材料とあえて下味をつけ、20分ほどおいてなじませ、片栗粉を加えて混ぜる。
❸中華鍋にサラダ油大さじ１を熱し、①のアスパラを水けをきらずに入れて炒め、火が通ったらざるに取る。
❹③の中華鍋に油大さじ１を足して熱し、②の牛肉を炒め、火が通ったらしょうゆとオイスターソースを加え混ぜ、③のアスパラを戻してサッと合わせる。

★野菜はいんげんや小房に分けたブロッコリーでもいい。

も、厚みは譲りません。魚の項で切り身魚は厚みで選ぶとお話ししましたが、肉も同様。薄い肉は外をパリパリに焼こうとすると、中までパサパサになってしまいます。やっぱり肉も魚も、外はパリパリ、中はしっとりジューシーに仕上げたいですから。

とにかく、肉に味はつけずに、オリーブオイルを全体に少しかけて高温のグリルで焼きます。ビステッカ・フィオレンティーナのイメージです。これを切り分け、各自好みでゲランドの塩とかマスタードしょうゆをつけてという食べ方が好きです。

豚肉の場合も、豚肩ロース肉をトンカツ用より少し厚めに切ってもらいます。私はさっぱりいただくのが好きなので豚肉全体に塩、こしょう、おろしにんにく、ローズマリーをまぶしつけ、レモン汁をまんべんなくかけてしばらくおいておきます。これをガス台のグリルでじっくり焼いた〈豚の塩焼きハーブレモン風味〉。いずれのグリル焼きの肉にも、ときに応じていろいろな調理法の野菜をたっぷり添えることはいうまでもありません。

肉を焼くフライパンは鉄製に限る

フッ素樹脂加工のフライパンは素材がこびりつかないのはいいのですが、熱に弱く、高温や金属へらを使うと体に悪い樹脂がはがれてしまいます。

最初から最後まで弱火から中火で仕上げる料理ならいいのですが、そういう料理は少ないので、やっぱりおいしい料理に仕上げたいなら鉄製のフライパン。ジュッと音がするようなところに肉を入れ、熱でたんぱく質をすばやくかため、おいしい肉汁を外に逃がさないように調理するには鉄製に限ります。鉄製なら使うほどに油がなじみますし、樹脂加工のフライパンで焼いた肉と全然おいしさが違います。

定番の〈豚肉のしょうが焼き〉。柔らかく焼くために、薄切り肉を折りたたんで焼くのが私流。まず豚ロース薄切り肉を広げて片栗粉をふり、2つ折りにして両面をこんがり焼きます。肉が焼けたら、砂糖とおろしにんにく、しょうが汁各少々を肉にかけ、酒、しょうゆ同量を合わせてからめます。

肉をお酒で煮るとふっくらとおいしくなる

フランス料理の定番「牛肉の赤ワイン煮込み」は伊達《だて》にワインで肉を煮込んでいるわけではありません。肉はワインやビール、日本酒などのお酒で煮ると、酵素の働きでやわらかくふっくらと煮え、しかもおいしさもワンランク・アップするのです。たとえば、《牛肉とじゃがいものビール煮》は、水分は水でもスープストックでもなく、ビールだけでおいしく煮上げた大人の味わいの煮込みです。

牛肉とじゃがいものビール煮

材料（4人分）

牛かたまり肉（ブリスケなど）…400g　じゃがいも…5〜6個　にんにく（たたきつぶす）…3〜4片　ローリエ…2枚　黒粒こしょう…小さじ2　煮汁｛ビール…5カップ　固形スープ…2個　しょうゆ・バター…各少々｝　塩…適量

作り方

❶牛かたまり肉は大きめ（4㎝角程度）に切る。
❷じゃがいもは皮をむいて大きめ（2つ割り程度）に切り分け、5分ほど水にさらして水けをきる。
❸鍋に①の牛肉、にんにく、黒こしょう、ビール、ローリエを入れて強火にかける。煮立ったらあくを取り、火を弱めて1時間ほど煮込む。
❹③の鍋に②のじゃがいも、固形スープを加え、ふたを少しずらしてじゃがいもが柔らかくなるまで煮る。最後に塩味をととのえ、香りづけにしょうゆとバターを加えて仕上げる。

photo p.175

魚を煮るときもお酒をたっぷり使うとおいしくなります。酒大さじ2～3とかではなく水の割合を減らして酒を増やすとか、思いきって全部お酒にしてみるとか。来客時に、「今日はお酒で煮てみたの」というだけで、食卓の話題が増えると思います。

肉と魚介の味をつなぐワイン

複雑なおいしさが魅力の《豚肉とあさりのワイン蒸し》をご紹介しましょう。豚肉とあさりという組み合わせは、あさりのワイン蒸しに豚肉が侵入したようでちょっと意外に思われるかもしれません。

でも、ポルトガルの地方料理にこの組み合わせはあるようですし、実際とても合うのです。この肉と海の幸の出会いをつなぐのが、実はワインとかにんにく、ハーブといった香りの素材。お酒は料理を引き立てる名脇役だと感じる一品です。

豚肉とあさりのワイン蒸し

材料（4人分）

豚薄切り肉（バター焼き用）…400g　あさり（砂出しずみの殻つき）…400g　にんにく…2片　オリーブオイル…大さじ3　白ワイン…½カップ　ローズマリー…4～5枝　塩・こしょう…各適量

作り方

❶ あさりは殻と殻をこすり合わせてよく洗う。
❷ 豚肉は食べやすく切って軽く塩、こしょうをし、にんにくは薄切りにする。
❸ 厚手の鍋にオリーブオイルと②のにんにくを入れて炒め、香りがたったら②の豚肉も入れて炒める。
❹ 肉の色が変わったら①のあさりを入れて炒め合わせ、白ワイン、ローズマリーも入れる。軽く塩、こしょうをし、蓋をしてあさりの殻が開くまで蒸し煮にする。

鶏肉

丸ごと1羽か鶏手羽肉がお買い得

鶏は丸ごと1羽が味も栄養も時間的にもお得

イタリアでは鶏は丸ごと1羽買ってきて料理するのが一般的。ここでの暮らしが身についてみると、いかにその方が経済的かつ合理的で、料理がおいしくできるか、納得がいくようになりました。

小さめの鶏でしたら1羽丸ごとのほうが料理するのも簡単で、鶏のいろいろな部分を全部味わえるので、味の点でも栄養の面でもいいことばかりです。

鶏肉は元来、低カロリー、高たんぱくの健康食品。ビタミンAは牛肉や豚肉の数倍含まれています。ただし、ゲージの中で育てられたブロイラーの鶏は水っぽくてうまみが薄く、味的にも栄養的にも劣るので、できるだけ放し飼いの鶏を求めてください。

鶏肉は牛肉や豚肉より水分を多く含む分、より傷みやすいので、早めに調理してしまいましょう。

丸ごと調理して三段活用する

まず、丸ごとの鶏は、鳥肌がたっているものを選びましょう。鳥肌のたっている鶏ほど新鮮です。

そして、「スープをとる」、「蒸す」というのは驚くほど簡単です。大きめな鍋に鶏を丸ごと入れ、水をたっぷり注ぎます。次に鶏肉に合うハーブやこしょうなどの香辛料、あれば香味野菜の残り（パセリの茎、セロリの葉など）をラフに入れます。あとは弱火でコトコトと、肉がやわらかくなるまで煮込むだけ。これでコラーゲンたっぷりの、おいしい〈鶏スープ〉がとれます。ゆでた鶏肉は取り出し、身をほぐしてマリネ液に浸します。温かいうちに入れると味がよくしみ、サラダに混ぜたり、サンドイッチやベトナムのめん料理「フォー」の具にしたり……。2～3日はもたせて、ムダなく使いきります。

もう少し手軽に鶏のスープだけとりたいというときには、鶏手羽先をコトコト煮込むだけでも充分に本格的なスープがとれます（230ページ）。

〈蒸し鶏〉にする場合は、丸ごとの鶏に塩をすり込み、浅鉢に入れます。酒少々をふり、あればしょうがやねぎなどの香味野菜を添え、器ごと蒸気の上がった蒸し器に入れて鶏に火が通るまで蒸すだけ。簡単です。できあがった蒸し鶏のつけだれには、浅鉢にたまった蒸し汁を、しょうゆやみりんで調味し、片栗粉でとろみをつけてあんかけにして使いきります。きのこや野菜をともに蒸してもいいですね。

フライドチキンはぬるめの油から入れて揚げる

鶏肉を揚げる場合も、丸ごと1羽か半羽くらいをぶつ切りにして使います。さっぱり味のささ身や胸肉、うまみの多いもも肉や手羽先などいろいろな部分が味わえて楽しいもの。

鶏肉をフライドチキンにするときの揚げ方は、なすの素揚げやかき揚げのときとは少し違います。通常は材料を入れすぎると、油の温度が下がって仕上がりがベタつき、カラッと揚がりません。けれどもフライドチキンや春巻きなどは例外。ぬるめの油に詰め込むように入れ、中温から高温に徐々に上げて、じっくりと火を通すのがコツです。

我が家の〈フライドチキン〉は、ぶつ切りにした鶏肉をボウルに入れ、塩、こしょう各適量、おろしにんにく2片分、ローズマリー、タイム（ドライ）各小さじ2を加え、両手でよくもみ込むように混ぜ、冷蔵庫で半日から1日なじませます。次に鶏肉に小麦粉をしっかりまぶし、中火にかけた油がぬるいうちに揚げ鍋にぎっしりと入れます。鶏肉の表面が色づいてきたら返し、徐々に高温になるようにして濃いきつね色になるまで揚げれば完了。ブロイラーの鶏しかない場合は、前の晩に塩をしておき、一度洗い流して身をきっちりと締めてから使います。

鶏を皮つきのれんこんと煮込むだしの相乗効果

簡単で文句なくおいしくできるのが《鶏肉とれんこんのスープ煮》。鶏のぶつ切りまたは鶏骨つき肉（牛すね肉でも）と大切りの皮つきれんこんをたっぷりの水でコトコト煮込むだけ。これは肉とれんこんの皮からいいだしが出るので、おいしくて当然の煮物。味つけは少量の塩と酒のみです。

だしのよく出る鶏骨つき肉と冬においしくなる根菜を、それぞれ大切りにしてダイナミックに煮込んだこのスープ煮は、冬の我が家のおなじみ料理。

忙しければ、まず鶏もれんこんも切らずに煮る

ゆっくり時間をかけて作るとおいしい煮込みは、休日を使って多めに作っておくに限ります。時間も手間も節約でき、2～3日は使い回せるからです。

忙しい場合は、たとえば、鶏なら1羽、牛すね肉なら800グラム程度を、切らずに丸ごと煮始めてもいいのです。材料がかぶるくらいの水を入れ、あればしょうがやねぎの青い部分なども入れてコトコト煮込んでいくだけならそれほど負担にならないと思います。あくを取ったあと、れんこんも皮のまま丸ごと入れてもOKです。いただくときに切り分ければいいわけで、料理というのは臨機応変さが大切です。

多めに作って上手に使い回す知恵

丸ごとゆでた鶏肉。あとは工夫しながら三段活用します。パンをカリッと焼いて、切り分けた肉と野菜、鶏スープで、ひとつのメニューになります。うちはみんなだしのしみた野菜が大好きですから、むしろ肉だけが残ります。するといろいろなマリネにして楽しみます。鶏の身をほぐして韓国風マリネ、大切りにしてオリーブオイルとレモン汁でイタリア風、酢じょうゆで和風っぽく、などがその例。

イタリアでお隣りに呼ばれていったランチに、トマトのパスタが出てきました。次に立派な肉の煮込みが登場。味わっているうちに、トマトと肉をいっしょに煮たものだと気がつきました。どこの国でもみんな工夫しながら料理しているものです。

鶏肉とれんこんのスープ煮

材料（作りやすい分量）

丸ごとの鶏肉…1/2羽分（または鶏骨つき肉…400g）　れんこん…1節　里いも…3～4個　水…5カップ　塩…小さじ1強　酒…大さじ1　柚子こしょう…適宜

作り方

❶ 鶏肉はぶつ切りにし、れんこんは皮ごと大きめに切り、里いもは皮をむいて2つに切る。

❷ 鍋に①の鶏肉と水を入れて強火にかける。煮立ったらあくを取って火を弱め、鶏肉が煮えるまでコトコトと煮る。

❸ れんこんと里いもを加え、やわらかくなるまで煮て塩と酒で調味し、柚子こしょうをつけていただく。

★野菜はれんこん、里いも以外に、にんじん、ごぼう、大根、きのこ類などでもよく、肉とれんこんだけでもよい。

photo p.176

ラム――ヘルシーさで人気はうなぎ上り

仔羊の肉は意外にくせがない

生後1年未満の仔羊の肉はラム、成長した羊の肉はマトンとよばれます。ラムの肉はマトンより柔らかく、臭みも少ないのが特徴。かつてはにおいが気になるといわれましたが、保存法の発達と生後4～6か月程度のくせのないラムの消費が定着し、においはほとんど気にならなくなりました。においのもとは脂の部分です。脂の部分は白く、赤い部分は黒ずんでいない、つやのあるものを選ぶようにします。

最近は、羊の肉に脂肪の燃焼を促す成分が見つかったそうで、ダイエットに気をつかう人たちにもとても人気です。

マリネやみそ焼きにするとおいしい

ラムと言えばジンギスカン料理が有名ですが、中近東などではよくマリネにして使われます。マリネしたものを網焼きしてミントをたっぷり合わせた料理は我が家の定番。ラムにはミントが合います。

ご飯に合わせるなら、〈ラムのみそ焼き〉がおすすめ。おろしにんにく入りのみそとか青じそや七味唐がらし、ごま油などを混ぜた香りみそをラムの片面に塗り、230度のオーブンで12～13分焼くだけ。

最後に、肉（牛肉、豚肉、鶏肉、ラム）をある程度長く保存したいときは、脱水シートに包んでフリージングパックに入れ、冷凍します。

ひき肉

すぐ使いきるか保存法に注意

まずいものは体に悪いので捨てる

鶏肉やひき肉は鮮度が命。鶏肉は水分が多く、ひき肉は空気に触れる面が多いので、その分、傷みも早いのです。

ひき肉は古くなるほど表面が黒ずんでくるので、全体につやがあって均一の色のものを選びます。

できれば使いきってしまいたいものですが、残ったときはその日に冷凍保存します。翌日ならば、そぼろにするなど、加熱してから冷凍しましょう。

生のひき肉は100グラムずつくらいをラップにはさみ、薄くのばしてフリージングパックに入れて冷凍。こうすると冷凍、解凍時間も早く、必要な分をキッチンバサミで切って使えるので便利です。

ひき肉のそぼろは冷蔵室でも4～5日はもちますが、それ以上はしまい込まないように。新鮮で良質な材料を使って手作りしたものは、しみじみ「おいしい」と感じます。「おいしいものは、からだにいい」というのが私の結論ですが、それも時間がたてばどんどん味が落ちていきます。

私は子どもの頃、「まずいものは、体に悪いから食べちゃだめよ」と言われて育ちました。まずいと感じることは、食べてはいけない、と体がサインを出しているのではないかしら。ですから、ぜいたくなようですが、まずいものは思いきって捨ててしまいます。もったいないけれど、思いきりも肝心。腐る直前のものは、においも味も感じられません。実はこのときが、いちばん毒性が強いときなのだとか。動物はこうしたものには、絶対手をつけません。これは身を守る上での大切な感覚。現代人はとかくこうした動物的本能を忘れているのでは。

上手にひき肉を使うために、我が家の定番のひき肉料理をご紹介しましょう。

まずは、前述した〈ひき肉のそぼろ〉。400グラムくらいをポロポロに炒めてしょうゆ味、塩味など、シンプルに味つけしておくだけ。でもここまでしておくと、他の料理を作るときに大活躍してくれます。オムレツ、チャーハン、サラダ、炒め物を作るときにパラリと混ぜたり、片栗粉でとろみあんなどに。

とっておきは《野菜入りミートローフ》。ひき肉のように見えて、半分は野菜です。各種野菜がとれ、肉だけより短時間で焼け、軽くておいしい一品。

野菜入りミートローフ

材料（作りやすい分量）

合びき肉…500g　玉ねぎ…1個　なす・ピーマン…各2個　パセリ…2枝　パン粉…½カップ　牛乳…大さじ2　卵…2個　塩・こしょう・ナツメグ・サラダ油…各適量

作り方

❶玉ねぎ、なす、ピーマン、パセリはそれぞれみじん切りにする。

❷ボウルに①と、サラダ油以外のすべての材料を入れて、手でよく混ぜ合わせる。

❸天板にオーブンシートを敷き、②を細長いなまこ形にしてのせ、形をととのえる。上面の中央に縦長に指で1本窪みを作り、サラダ油を注ぐ（これで焼いている間も油膜で全体がおおわれてカリカリに焼ける）。

❹③の天板を200度のオーブンに入れて35～40分ほど、表面がこんがりするまで焼き、切り分ける。

★大皿に切り分けたミートローフを盛り、レタス、さらし玉ねぎ、青じそなどをミックスしてたっぷり添え、全体に玉ねぎドレッシング（49ページ）をかけて食べるとよりおいしい。

第5章

だし汁編

難しく考えないで！だしは簡単にとれる

煮物や鍋物はもちろん、吸い物やスープ、みそ汁などの汁ものにだし汁は欠かせません。そればかりか、茶碗蒸しやめん類の汁も、だし汁で仕上がりの味が左右されます。

でも料理本には、どの料理にどんなだし汁を使うのか、ていねいに書いていていない場合が多いのです。日本料理には和風だし、中華料理には鶏のスープ、洋風料理には肉や魚からとったブイヨンや野菜スープを使うのが当然と考えてのことでしょう。最近は料理に対応した即席だしの素が市販されていて、そうしただしに頼る家庭も多いようです。

でも一度、本物の素材でだしをとってみて。その香り高く、コクのあるおいしさに出会うとしみじみと「おいしい」と思えるはず。これは即席のだしでは味わえない幸せです。その栄養的効果も計りしれないもの。

本来の素材で、簡単においしい和風だしがとれる方法もあるのです。鶏のスープや洋風のだしにしてもしかり。もっと気軽にとって、使い方も柔軟に考えましょう。中華風だしとされている鶏のスープで和風めんを作ってみたら、おいしくて感激。そんなおいしさと元気（つまり健康）が同時にもらえるなんて、素敵なことだと思いませんか。

だしをとる——この貴重な日本の食文化を、ぜひ次の世代にも伝えていって欲しいと思います。

だし

――おいしいだしを味わうことの大切さ

自然素材からとっただしが健康をサポート

島国である日本は、昔から海の幸の恵みをとても大切にしてきました。昆布、かつお節、煮干しといったただし素材も、すべて海からの贈り物。それ自体が長い時間と手間をかけて作られるものだけに、素材のうまみがしっかり凝縮されています。ですから、ていねいにとっただし汁の香りが豊かで、味わいが奥深いのは、当然といえば当然のこと。そのうえ、だし汁にはカルシウムをはじめ、さまざまなミネラル、ヨードなどの栄養素が豊富に含まれているのだとか。だし汁は料理の味を引き立てるだけでなく、健康をも長いこと支えてくれていたのです。

私は、母がだしをとるとき、鍋に箸が立つほどたっぷりのかつお節を入れているのを見て育ちました。そして3人の娘たちの舌にも幼い頃から、だしの味をしっかり覚えさせたつもり。しっかりだしのしみた野菜の煮物や煮浸しは、我が家の定番メニューでした。だしは素材のおいしさを最大限に引き出してくれます。だからでしょうか。娘たちはそろって、とびっきりの野菜好きです。

合成された調味料ではなく、自然素材からとっただしの味わいを、ぜひ知ってください。

よいだしは、良質の素材から

おいしいだしをとるためにいちばん大切なのは、

良質のだし素材を選ぶこと。だしに限ったことではありませんが、素材が悪ければ、おいしい料理は絶対にのぞめません。よい素材というのは、必ずしも値段が高いものではなく、あくまでも品質が大事。見分け方について聞かれると、私はいつも、「昆布や煮干しは実際に少し食べてみて、おいしいと感じるものを。削り節はとにかく、ふわっといい香りが漂ってくるものを選んで」と答えています。

味の好みは人それぞれですから、自分の五感で確認するのがいちばん。そして、よい素材を手にしたら、風味が変わらないうちに使いきることも大切です。せっかく良質の素材を選んでも、時間がたてば必ず風味が落ちてしまいますから。とくに削り節は、一度封を切ったら、翌日には別物になっていると思ってください。袋に密封できるファスナーがついていても安心できません。もし使いきれない場合には、全部でだしをとり、冷凍保存しましょう。

だしをとるのは簡単

「だしをとるのは、めんどう」とか、「難しそう」という声をよく耳にします。本当に、そうでしょうか。たとえば昆布や煮干しは、水に浸しておくだけで、お湯で煮出すよりもはるかにおいしいだしがとれます。あとでご紹介しますが、便利に使える鶏スープや魚のスープ、野菜スープも驚くほど簡単に手作りできるのです。

おいしいだしをとるには、よい素材を手に入れるための努力と、調味料を買うよりは少しばかりたくさんの予算が必要。水だしをとるには少し時間がかかることもあります。でも、けっして手間はかからないし、難しいことではありません。作ることに慣れて、そのおいしさを実感してほしいもの。

でき上がっただし汁は、まずなにも味をつけない状態で味わってみてください。だし汁のように、とても繊細な風味を見極めるには、日頃から味覚だけでなく、視覚、嗅覚などを研ぎすますトレーニングをしておくことも必要かもしれませんね。繊細なおいしさというのは、まず目で見て、においをかいで、そして味わってみなければわからないもの。本物のだし汁のおいしさを知ったら、決してだしをとるのをめんどうだとは思わなくなるでしょう。

だしはまとめて作り、冷凍しておくと重宝

風味第一のお吸い物や椀物などのだしは、そのつどとるようにします。どんなに上質の昆布や削り節を使っただしでも、冷凍にすると風味が損なわれますから。ただし、冷凍にしてもだしのうまみは残りますから、煮物やめん料理のつゆなどは充分においしく作れます。それにいつも冷凍庫に自家製のだしのストックがあるというのは、予想以上に便利。

かつお節の鮮度が落ちやすいことを考えると、だしは一度にまとめてとり、冷ましてからフリージングパックに入れて冷凍するのがおすすめです。このときの注意点としては、だしは冷凍すると膨張するので、フリージングパックには少なめに入れること。せっかくのだしがパンクして、冷凍庫の中を汚してしまってはがっかりです。パックにはだしの種類と作った日付を書いたラベルを貼っておくのも大切。だしは冷凍するとどれも見た目は似たようになって、よほど慣れないと区別がつかなくなってしまいますから。また、冷凍しても、だしは時間とともに風味が落ちるのは避けられないこと。なるべく早めに使いきるようにしましょう。

スープキューブを使わない暮らしを提案

子育てと仕事の両立で忙しい時代、私も即席のスープキューブなどにはずいぶん助けられました。最近は、自然素材のおいしさだけを味わいたい気持ちが強くなって、使わなくなりました。本物のだしはピュアな味わいで、よい香りがします。みなさんも、意図的にスープキューブを使わない暮らしを試してみませんか。最初の2週間ほどは少し物足りなくて、スープキューブで補いたくなるでしょう。ところが、2~3か月もすると、その味を邪魔に感じるようになるはず。スープキューブの成分を見れば、味の中身が予測できますから、本当にその味が必要か、確かめてから使うようにしたいですね。

昆布、かつお節、煮干し以外にも、鶏手羽先、魚のアラやクズ野菜、乾物などからも、とてもおいしいだしがとれます。ふだんお料理に使う身近な素材を上手に利用すれば、インスタントだしを使わない方が、むしろおいしいだしがとれるのです。

鶏肉、魚、野菜のような、どこの国にもある素材からとっただしは、不思議なことに和風、洋風、中華風、エスニック料理のどんな料理に使ってもおいしい。同じ土地、地域でとれる食材どうしは、組み合わせて使っても相性抜群――これはまさに自然の理であり、知っておくと便利な調理のコツです。

また、だしやスープは、料亭やレストランでやるように、完璧な方法でとらなくても大丈夫。身近にあるふつうの、でも本物の材料なら、意外に簡単においしいだしがとれます。我が家でおいしいだしの料理を味わっていると、「やっぱり、うちのご飯はいいなあ」と、しみじみ思います。だしのおいしさを満喫することは家庭料理の醍醐味ですよね。

昆布とかつお節のだし

——和食の基本になるだし

まず一番だしのとり方のコツを覚える

一般的に和食の中でも最も出番が多いのは、《昆布とかつお節のだし》。普通、「一番だし」といわれているものです。一番だしは、微妙なうまみとよい香りがあり、汁が澄んでいることが必須条件。この条件を満たすおいしいだしをとるには、少しばかりコツがあります。①良質の材料を使うこと。②煮立てると特有の臭みが出るので、昆布をぐらぐら煮立てないこと。③削り節が底に沈むのを待ってからこすこと。また、だしをとっている間、鍋の中をかき混ぜないことや、水の味がだしの味に変わる一瞬を見逃さないことも大事です。

うちでは、こうした注意が必要な一番だしをとるよりも、《かつお節のだし》、《昆布のだし》というように、各々単品素材でとることが多いのです。単品でとっておいただしを好みの配合で合わせて使えば、結局は一番だしと同じ。このほうが家庭では便利ですし、だんぜんラクだと思います。

最初から完璧をめざすのではなく、ともかく繰返して作り、味わってみることです。〈お吸い物〉なら、一番だしに塩としょうゆをほんの少し加え、ねぎや三つ葉などの香味野菜を散らすだけで滋味深い味わいに。炊きたてのご飯に、だし汁をかけただけの〈汁かけご飯〉や《沢煮椀》も、思わず「なんておいしいんでしょう」と言ってしまうほどです。

昆布とかつお節のだし

材料（10カップ分）

昆布…20㎝　削り節…１００g　水…11カップ（1カップはかつお節が吸う分を含める）

作り方

❶鍋に昆布と水を入れ、しばらくおいて弱火にかける。昆布に沿って小さい泡が上がり、昆布がかすかにゆれたら、沸騰直前に昆布を取り出し、削り節を加える。加え終わったらすぐに火を止める。

❷菜箸で静かに削り節を湯に浸し入れ、そのまま5～10分おいて沈むのを待つ。鍋の中心の味をみて、水の味がだしの味になっていればよい。ざるに水でぬらして固く絞ったさらしを敷き込み、だしを一気にあける。この時、さらしを絞るとだしが濁って味も落ちるので、だしが自然に落ちるのを待つ。

★かつお節のだし：水4カップを沸騰させて削り節40gを加え、菜箸で湯に入れてすぐに火を止める。そのまま5～10分おいて沈むのを待ち、上記と同様にこす。水の分量に対する削り節の割合は、水1カップに対して、削り節10gを目安とする。

★昆布のだし（水だし）：水10カップに昆布20㎝を浸して冷蔵庫で一晩（10時間以上）おいてから、昆布を取り出す。水の分量に対する昆布の割合は、水5カップに対して昆布10㎝を目安とする。

沢煮椀

材料（2～3人分）

豚バラ薄切り肉…50g　ごぼう…½本　大根…40g　にんじん…⅓本　さやいんげん…2～3本　長ねぎ…½本　煮汁｛昆布とかつお節のだし汁…4カップ　塩…小さじ1⅓　しょうゆ…小さじ1｝　粗びき黒こしょう…少々

作り方

❶豚肉は細切りにする。ごぼうは皮をこすり洗いし、4～5㎝長さの細いせん切りにする。酢水（分量外）に5分ほどつけてあく抜きした後、熱湯でサッとゆでる。大根、にんじんは皮をむき、細いせん切りにする。

❷さやいんげんはへたの部分を折って筋を取り、熱湯でサッとゆでて、縦にごく細く切る。長ねぎは白髪ねぎにして氷水にさらし、水けをきる。

❸鍋に煮汁の材料を煮立てて、①の豚肉を入れる。肉の色が変わったら、ごぼう、大根、にんじんを加えてサッと煮、具をお椀に盛る。

❹煮汁をあつあつに温めてお椀に注ぎ、②のさやいんげんと白髪ねぎをのせ、黒こしょうをふる。

昆布もかつお節も鮮度が大切

うちでよく使っているだし昆布は日高昆布photo p.249。ほかに真昆布、羅臼昆布、利尻昆布などもだしに適しています。昆布の品質はある程度、値段で決まりますが、肉厚でよく乾燥しているものを選びましょう。密閉容器に乾燥材を入れ、よく使うサイズに切って保存すると便利。表面の白い粉はうまみ成分なので、ふき取らないで。使う前に乾いたふきんで、サッと汚れを落とす程度で充分です。

かつお節photo p.249は、そのつど、削って使いたいものですが、さすがにそれは大変なので、袋入りの削り節を使っています。品ぞろえが確かなスーパーで買ったり、築地のかつお節屋さんから削りたてを送ってもらったものを使っていますが、その味と香りは格別です。ただし、どんなに良質の削り節でも、1度封を切ったらすぐに香りがとんでしまうので、風味が変わらないうちに使いきること。

あるとき知人から、1キロという大袋入りの削り節をいただきました。その香りは吸い物として味わい、あとは新鮮なうちにと、1袋を全部使って大量のだしをとって冷凍保存してしまいました。昆布もかつお節も、保存のきく乾物ではありますが、風味に関しては生鮮食品なみの配慮が必要です。

昆布は水だしが失敗なく仕上がる

うちの〈昆布だし〉のとり方は、申しわけないほど簡単。昆布と水を大きめの透明容器photo p.249に入れ、冷蔵庫に一晩おくだけ。この火を入れずに時間をかけてじっくりうまみを出す「水だし」のおいしさは格別。一昼夜水に浸しておくと、昆布がふっくらふくらみ、豊かな風味が広がります。うまみ成分を、時間をかけてじっくり、じっくりと水の中に浸出させていく水だしは、火を使って短時間でうまみを引き出すよりも、はるかに自然で失敗のない方法です。

よい昆布とかつお節は、だしがらも再利用を

良質の昆布やかつお節は、1度だしをとっても、まだまだうまみが残っています。捨てるのは、とてももったいないこと。うちでは、この昆布やかつお節が、いろいろと形を変えて再登場します。

たとえば〈だし昆布の酢油漬け〉。だしをとった昆布は20センチ分を適度な長さの細切りにし、長ねぎ½本としょうが1かけ分のせん切りと合わせ、ごま油大さじ1、酢・しょうゆ各大さじ1⅓、豆板醤少々であえて、しばらくおいてなじませるだけ。お正月など、たくさんのだし昆布を使ったあとは、このおまけの一品をおせち料理に加えます。すると、こちらのほうに人気が集中してしまうほど。

また、炊き込みご飯に使った昆布も、せん切りにしてご飯が熱いうちに混ぜ込んでしまいます。昆布を細く切り、しょうゆと酒で煮込めば〈昆布佃煮〉になるし、サラダの具や炒め物、卵焼きなどに加えるのもおすすめ。

一方、だしをとった削り節は、水を加えてもう1度煮立てれば〈二番だし〉がとれます。こっくりした煮物やめん類のつゆに使うと、むだなくおいしさを味わえます。あるいは、香ばしい〈ふりかけ〉に。しょうゆをからめてオーブンでカリカリになるまでから焼きして乾燥させ、ポリ袋に入れて手でもみほぐせばでき上がりです。このふりかけは、お椀に入れて熱湯を注ぐと、自家製の〈即席汁〉に早変わり。どう使うか考えることを楽しんでいます。

煮干しのだし——みそ汁や煮物に合う濃厚な味のだし

みそ汁には煮干しのだしを使いたい

みそ汁には《煮干しのだし》が合います。パンチのある煮干しのだしは、みそと合わさってさらに豊かな味わいに。みそ汁を作るには、かつお節のだしでもよいのですが、我が家では煮干しのだしを使います。たとえば、シンプルな具の〈絹さやだけのみそ汁〉も濃厚な煮干しのだしのおかげで、絹さやとみそ汁両方のおいしさが際立ちます。

煮干しのだしをとるには、水1カップに対して煮干しが7～8尾が私流。煮干しが多めだと思いますが、これは少し濃いめのおいしいだしをとるための割合です。

煮干しも素材選びが大切

煮干しは、いわしの稚魚を、文字通り煮てから干したもの。いわしが一般的ですが、あご（とびうお）の稚魚の煮干しもおいしいもの。どちらにしても1尾丸ごとの魚であることがポイントです。

おいしい煮干しのだしをとるためには、昆布やかつお節のだしをとる場合と同様に、素材を吟味することが大切。photo p249良質の煮干しは、よく乾燥していて腹の部分に張りがあり、身がへの字に曲がっていて背の部分が黒く、全体に銀青色に輝いています。大きすぎるものより、小ぶりのもののほうがよいだしが出るようです。そのまま食べてみておいしいものな

煮干しのだし

材料（4カップ分）

煮干し（小ぶりのもの）…28～30尾　水…4カップ

作り方

❶煮干しは、苦みの出るはらわたの部分（エラの内側にある小さな黒い部分）を指でちぎり取り、頭は残す。

❷鍋に分量の水と煮干しを入れ、しばらくおいてから中火にかける。煮立ってあくが出たら火を弱め、あくをすくいながら静かに4～5分煮立て、煮干しを取り出す。よりていねいにするときは、ざるに水でぬらして固く絞ったさらしを敷き込み、だしを一気にあけてこす。

★煮干しの水だし：上記と同様に煮干しを分量の水に入れ、そのまま一晩（10時間以上）おいて、煮干しを取り出す。我が家では煮だしただしよりも水だしの方をよく使う。

かぼちゃとピーマンの甘辛煮

材料（作りやすい分量）

かぼちゃ…400～500g　小ぶりなピーマン…10個　サラダ油…大さじ3　煮汁｛煮干し…7～8尾　砂糖…大さじ3～4　しょうゆ…大さじ3　水…2～2½カップ｝

作り方

❶煮干しは、はらわたを取り除き、2つに裂いておく。

❷かぼちゃは種とわたを除き、皮をところどころむいてから大きめの一口大に切る。

❸ピーマンは丸ごと用いる。

❹鍋にサラダ油を熱して②のかぼちゃを炒め、全体に油が回ったら、かぼちゃを片側に寄せ、③のピーマン、①の煮干しを加える。かぼちゃに砂糖をふりかけて、しょうゆを入れ、水をひたひたより少なめに加える。

❺落としぶたをして、中火にかける。野菜のかさが減り、落としぶたが沈んできたら、鍋のふたをして、かぼちゃがやわらかくなるまで煮る。

❻火を止め、味をなじませ、器に汁ごと盛りつける。

ら、間違いありません。開封後は冷蔵庫で保存し、早めに使うことが大切です。全体が黄色っぽく脂焼けしたような煮干しは、絶対に避けましょう。

煮干しの水だしはとても簡単

煮干しのはらわたの部分は、苦みのもとなので指でちぎり取ります。でも頭は骨ですから、とてもよいだしが出るので残します。そして煮干しを水に入れて、そのまま一晩おいてうまみを引き出します。これが《煮干《レシピ p.227》しの水だし》です。

朝食用のみそ汁に使うときは、煮干しを前夜から水につけておきます。煮干しは時間のあるときにまとめてはらわたを取り除き、冷蔵庫に入れておけばさらにラクです。

煮出す場合も一尾魚のうまみを丸ごと引き出す

急におみそ汁を作ろうというときには、煮干しを少しだけ煮立ててだしをとります。沸騰後5分で充分。あまりグツグツ煮る必要はありません。できれば煮出す前に1〜3時間ほど水につけてから火にかけると、おいしさが違います。これでうまみも栄養も、残らず水の中に浸出します。その証拠に、だしをとったあとの煮干しは、昔飼っていた猫のマリアも見向きもしませんでした。これはうまみが全部出つくしてしまっているということ。だからこそ「出汁」（だし）なのです。

煮物や煮浸しを作るときは、煮干しを縦に裂いて入れ、そのまま煮汁とともに煮て食べてしまうこともあります。そんな煮方をする《かぼ《レシピ p.227》ちゃとピーマンの甘辛煮》は、我が家の夏の定番メニュー。これならだしをとる手間いらずで、煮干しも煮汁のうまみを吸っているのでおいしく、一石二鳥です。

鶏スープ——洋風、エスニック風や和風料理にもひっぱりだこ

手羽先で手軽にとれる本格スープ

適当な大きさの鶏が丸ごと1羽手に入ったら「待ってました」とばかりに作るのが〈ゆで鶏〉です。丸ごと1羽の鶏を、香味野菜といっしょにコトコト煮ること約1時間。煮汁をこして〈鶏スープ〉としていただくのですが、そのおいしいこと。《鶏のスープ》レシピ p.230は鶏ガラでとるのが一般的でしたが、最近、鶏ガラそのものが手に入りにくくなってしまいました。一度、本物の鶏スープのおいしさを味わうと、インスタントのガラスープは使いたくありません。でも、手羽先だけでもおいしいスープをとることができます。皮も骨もついた部位なら、よいだしが出るのでは……と思ったのです。スープがおいしいのはもちろん、鶏手羽先は安価でコラーゲンもたっぷりというおまけつき。

スープのとり方はとても簡単。キロ単位で買った大量の手羽先を水から入れて火にかけ、あくを取りながらゆでて、最後にざるでこすだけ。スープを洋風に使いたいときは、玉ねぎ、セロリ、にんじんなどを、和風や中華風に使うなら長ねぎの青い部分とかしょうがの皮を加えてゆでます。何も入れずにゆでて、使うときに香味野菜を入れてもOKです。

こんな風にして手羽先でスープをとれば、鶏スープは中華料理のだしと限定せずに、洋風やエスニック風はもちろん、和食にもおいしく活用できます。

鶏スープのストックがあると心強い

鶏スープは冷ましてからフリージングパックに入れ、冷凍しておきます。常時ストックしておくと重宝するので、うちでは定期的にスープをとります。これがあれば忙しくてもすぐにおいしいものが作れる、という安心感、これこそ貴重です。中華のえびそばや《ベトナム風鶏肉のスープうどん》のようなめん料理のほか、雑炊や煮込み、鍋物のだしにも使えます。スープのストックさえあれば、ちゃんとした料理があっという間にでき上がり。急なお客様のときにも助かります

スープをとった手羽先でおまけの一品

スープをとったあとの大量の鶏手羽先を、なんとかおいしくよみがえらせる方法はないかと考えたの

鶏のスープ

材料（作りやすい分量）

鶏手羽先…15本　しょうがの皮・水…各適量

作り方

❶ 鶏手羽先としょうがの皮を鍋に入れてひたひたの水を加え、中火にかける。煮立ってきたらあくを取り、鍋のふたはしないで、弱火で20〜30分静かにゆでる。

❷ 火を止めて、ゆで汁につけたまま冷ます。完全に冷めたら、手羽先ごとスープをざるにあけてこす。

★スープをとるのがメインなら、安価で骨も皮もついている手羽先が最適。また、だしの出る手羽元、骨つき鶏ぶつ切り肉などでスープをとり、鶏肉料理もともに楽しんでもいい。

photo p.250

が〈ゆで手羽先のグリル〉photo p.250。だしがらの手羽先にしょうゆとにんにくのすりおろしをもみこみ、エンボス加工の鉄のフライパン（２８３ページ）に並べて、２２０度のオーブンでこんがり焼けばでき上がり。お好みで、七味をふってもいいでしょう。酒の肴にも、ご飯のおかずにもなる、香ばしい一品。とてもリサイクルメニューには思えないと好評です。

　手羽先をおいしく再利用するため、スープをとる段階で忘れてはならないコツがあります。それは、ゆでた手羽先をすぐにこすのではなく、しばらくスープの中において冷ますこと。こうすると手羽先がパサつかず、スープの中に溶け出したうまみが再び手羽先にも戻ってきます。これは鶏肉でゆで鶏を作る場合も同じ。ささやかなことですが、知っているのと知らないのとでは、味に大きな差が出ます。

ベトナム風鶏肉のスープうどん

材料（２人分）

細いうどん（乾燥品）…１５０g　鶏のスープ…３カップ　鶏胸肉…１枚　ヌクマム（またはナンプラー）・塩・こしょう…各少々　サニーレタス…２〜３枚　香草（あさつきの小口切り、香菜、青じそ、ミント）…好みで各適宜　すだち…適宜　赤唐がらし（小口切り）…適宜

作り方

❶鶏のスープを鍋に入れて熱し、鶏胸肉を入れてゆでる。鶏肉に火が通ったら取り出し、食べやすい大きさに裂く。

❷①のスープにヌクマム、塩、こしょうで味をつける。

❸別鍋に湯を沸かして、うどんをゆで、ゆで上がったら水洗いして、ざるにとり、熱湯にくぐらせ温める。

❹③のうどんを器に盛って、あつあつの②のスープを張る。サニーレタス、好みの香草をのせ、赤唐がらしを散らし、あればすだちを絞る。

★フォーというお米の粉で作られたベトナムのめんを使うと本格的。日本のめんなら、そうめん、きしめんなどでもＯＫ。

その他のだし——魚のアラ、野菜クズ、乾物のだしのよさを再発見

魚のだしは臭みを除き、決して煮立てずに

イタリアも三方を海に囲まれているので、おいしい魚料理はたくさんあります。でも、魚介の種類や調理法などは、日本のほうがはるかに豊富で多彩。日本では生の料理はもちろんのこと、煮る、焼く、揚げる、蒸す、ご飯に炊き込むなど、昔からあらゆる調理法で魚介のおいしさを存分に楽しんできました。でも意外に、魚のだしそのもののおいしさを味わう料理はあまりありません。魚介の味を最大限に味わう潮汁《うしおじる》でも、昆布だしを使ったりしますから。

以前、南イタリアのレストランで「ズッパ・ディ・ペッシエ」という、数種類の魚介で作ったスープをいただいたことがあります。その豊かな海の滋味は忘れられません。魚介の国、日本にこのおいしさを輸入したらどうかしら、と思いついたのが《白身魚のスープパスタ》。新鮮なアラからとっただし、《魚のスープ》がおいしさの秘訣です。

そういえば昔、ベトナムの港町の屋台で、魚のだしの味がきいた、それはおいしいおかゆをいただきました。フランスのブイヤベースも、魚のだしの味わいが命。こうして考えてみると、おいしいだしが出る魚のアラを捨てるなんて、もったいないこと。

魚はそのとき、その場所で手に入るものでいいのです。鯛、すずき、たらなどの白身魚のほか、ぶりでもおいしいだしがとれます。

魚のスープ

材料（約8～9カップ分）

アラ（鯛、すずきなど）…1尾分　セロリの葉…1本分　パセリの茎…5～6本　プチトマト…10～15個　にんにく…3片　水…10カップ

作り方

❶白身魚などのアラはざるに入れて熱湯を回しかけ、霜降りにする。

❷①のアラ、セロリの葉、パセリの茎、へたつきのプチトマトを鍋に入れて分量の水を加え、中火にかける。水が温まったら弱火にし、煮立てないようにして約1時間、静かに煮だす。煮立てると汁がにごるので、いつも鍋の中を見ながら火加減を調節する。

❸ざるに水でぬらして固く絞ったさらしを敷き込み、アラと野菜をレードルで少しずつ取り出して入れ、最後にスープをあけてこす。

★霜降りとは、魚介類や肉類の表面にサッと熱を通す調理法で、霜がおりたように白くなる。アラを塩少々を加えた熱湯にサッとくぐらせ、すぐに氷水につけて引き上げる方法でもよい。

photo p.251

白身魚のスープパスタ

材料（5～6人分）

白身魚（鯛）…1尾（約800g）　カッペリーニ（極細の乾燥パスタ）…100g　パセリのみじん切り…大さじ2　塩・こしょう・オリーブオイル…各適量

作り方

❶鯛は3枚におろし、身は一口大のそぎ切りにする。

❷鯛の頭、中骨などのアラは、上記の要領で魚のスープをとり、塩、こしょうで味をととのえる。

❸パスタは2㎝長さに切り、湯1ℓに対して塩10gを加えた熱湯に入れ、袋の表示時間どおりにゆでて水けをきる。

❹ゆでたパスタを器に等分に入れ、1人分につき、①の鯛の刺身を2～3切れずつのせる。②のスープをあつあつに温めてたっぷり注ぎ、パセリのみじん切りを散らし、上からオリーブオイルをかける。

photo p.251

おいしい魚のだしをとるには、大事なコツがあります。まず、アラをざるにのせて全体に熱湯を回しかけるか、あるいは熱湯にサッとくぐらせてからすぐに氷水photo p.251にとって引き上げます。これを霜降りといいますが、魚の生臭みや余分な脂肪分を取り除くための大切なひと手間です。

魚のだしをイタリア風に使う場合は、プチトマト、セロリの葉、パセリの茎、にんにくなどの香味野菜を加えますが、ベトナム風ならバイ・マックルー（こぶみかんの葉）やレモングラス、にんにく、しょうが、赤唐がらしでしょうか。そのへんは、臨機応変に工夫すればよいこと。だしをとるもうひとつのコツは、けっして煮立てないようにして約1時間、ごく弱火で静かに煮だすこと。こうすることで、うまみが残らず引き出され、きれいに澄んだ上品な味のだしがとれるのです。

おいしいだしの味つけはシンプルに

だしの味を存分に楽しむには、味つけはごくシンプルに。イタリア風なら、塩、こしょう少々に、スープの風味を引き立てるハーブ（イタリアンパセリなど）を添え、最後にオリーブオイルを補います。ベトナム風なら塩分はヌクマムにし、ハーブは香菜、レモンの酸味でさわやかさを。和風なら塩としょうゆ少々、ねぎや青じその香りを添え、酸味がほしいときには、すだちやゆずを絞るといった具合。

こうして、いつも素材の持ち味を大切にしながら各国の料理をイメージして作っていると、レパートリーが連想ゲームのように広がっていくものです。

クズ野菜のスープは煮込み料理の水代わりに使う

野菜は何種類か組み合わせると、パワーアップしたおいしさが生まれます。しかも、ゴミとして捨ててしまうようなところにこそ、本当のおいしさがギュッと詰まっています。

玉ねぎ、長ねぎ、セロリ、パセリなどの香味野菜をはじめ、にんじん、トマト、キャベツ、白菜などは、煮だすほどにおいしさが増します。シチューや煮物に、単品の野菜にない奥深い味わいが生まれるのはご存じのとおり。また、皮をむいて使うじゃがいもやにんじんなどは、皮と身の間に風味が閉じ込められています。キャベツや白菜の芯には、葉の部分よりもずっと甘みがあるし、長ねぎも葉の青い部分のほうに甘みが集中。トマトの皮やへた、グリンピースのさやだって、捨てるなんてとんでもない。

こういう野菜クズは、だしをとる格好の材料なのです。我が家では野菜をゴミとして捨てることは、ほとんどありません。ただし、ごぼう、れんこん、

野菜スープ

作り方

❶玉ねぎ・白菜・キャベツなどの芯、にんじん・じゃがいもなどの皮、セロリの葉、パセリの茎、トマトのへた、長ねぎの青い部分など、そのときある野菜クズで、あくの出ないものを適量用意する。

❷野菜クズを鍋に入れ、かぶるくらいの水を加えて強火にかけ、煮立ったら弱めの中火にし、あくを取りながら1時間ほどコトコトと煮込む。

❸ざるにさらしのふきんをしき、②の野菜をこす。

★野菜スープを洋風料理に使う場合は、ローリエ、たたきつぶしたにんにくなどを加えると風味がさらによくなる。

山菜など、あくの強い野菜は、スープの色もきれいに仕上がらないので避けたほうがよさそう。

野菜クズを煮出した《野菜スープ》《レシピ p235》は肉じゃが、鍋物、カレー、ロールキャベツ、ミートソース、中華風ロール白菜など、和、洋、中華を問わず煮込み料理の水代わりに使ってみてください。一段とおいしくなりますから。このように自然素材のだしや手作りスープを使えば、インスタントのだしの素に頼らなくても、充分に豊かな味わいの料理を簡単に作ることができるのです。

乾物の戻し汁も捨てずに、だしとして使う

日本や中国では古くから、野菜や魚介の保存法として、乾燥という手法がよく用いられてきました。でも、乾燥させると生のとき以上のうまみや栄養がもたらされるというのは、想定外の恩恵だったのでは……。私もここ十年来、干し野菜にはまり、いろいろな野菜を干して味わっているので、太陽のパワーによって生まれる濃縮されたうまみと、独特の歯触りのよさは実証ずみ。そういえば、イタリア版乾燥野菜のドライトマトにも、生では味わえない甘みが凝縮されていましたっけ。

日本の乾物は水を含ませて戻し、生に近い状態によみがえらせてから使いますが、その戻し汁に、うまみが出てくるのは当然といえば当然のこと。だし素材として使っている昆布、かつお節、煮干しもまさしく乾物です。〈乾物の戻し汁〉はうっかり捨てたりせず、だしとしてぜひとも使いたい。

素材別の戻し方を知って戻し汁も使う

乾物は種類によって、戻す水の温度、時間などが、異なります。

干ししいたけや大根、干し貝柱、干し蝦《えび》などは出番の多い乾物ですし、戻し汁の味のよさという点ではピカ一。煮物のだし汁の一部や、片栗粉でとじるあんに加えたり、炒め物の合わせ調味料に混ぜたりすると、味と風味に複雑な奥ゆきが出ます。
　また、乾物は保存食とはいえ、古くなったものは風味が落ちていますから、素材をきちんと見極めることも大切です。以下に乾物の上手な戻し方を記しておきます。

干ししいたけ
空きびんに入れ、水をかぶるくらいに加えてふたをして冷蔵庫へ。5～6時間以上おき、ふっくらやわらかく戻ったら、しいたけを両手ではさんで水けを絞る。急ぐ場合は、ぬるま湯に30分ほどつけ、戻し汁も使う。
★しいたけを煮るときはもちろんこの戻し汁で。それ以外の野菜の煮物や汁物にも使える。びんを冷蔵庫に入れた状態で4～5日間保存可能。

切り干し大根
水の中でもむようにして洗い、ボウルに入れる。新しい水をかぶるくらいに加えて20～30分おく。戻ったら両手で軽く絞り、戻し汁も使う。
★切り干し大根の太さ、乾燥の度合い、歯ごたえの好みなどによって戻し時間が異なる。戻しすぎると、うまみが逃げるので注意。

干し貝柱
ボウルに入れてかぶるくらいの熱湯を注ぐ。お湯が冷めても、まだ戻っていなければ新しい熱湯に変え、指で押して弾力が感じられるくらいまで戻す。戻ったらざるにあけ、戻し汁を中華炒めの合わせ調味料や片栗粉でとじるあんなどに使う。

干し蝦
サッと水洗いしてからボウルに入れ、かぶるくらいの熱湯をかけて20分ほどおく。やわらかく戻ったらざるにあけ、戻し汁を使う。

第6章

ご飯編

おいしいご飯は鍋で炊く

外食やテイクアウトのお弁当で食事をすませている人が、とても増えてきているように思います。

便利な世の中になってきたことはよいことなのでしょうが、最近の家庭では、「家族のために食事を作って食べる」ということが少しおざなりになっているのでは、と心配です。とくにご飯とみそ汁は食事の中でも基本中の基本。

ふっくら炊けたご飯とだしのきいた温かいみそ汁。これが毎日の食卓にのぼれば、「やっぱり、うちのご飯がいちばん！」と家族もみんな笑顔で集まってくるでしょう。

ところで、ご飯は炊飯器で炊くものと思いこんでいませんか。私は白米も玄米も、ご飯はお鍋で炊きます。そのほうがおいしく炊ける上に、シュウシュウと蒸気の上がる音、プーンとご飯の炊ける香り、最後にパチパチとおこげのできる音、このような五感を刺激する音や匂いを楽しめるから。

厚手の鍋やご飯用の土鍋で炊いてみると意外に簡単に炊けますし、おこげの具合など、炊き加減の調節が自由にきく点も気に入っています。鍋で炊いたご飯のおいしさを知ったら止められません。

ご飯

見直したい「うちのご飯」

お米は世界に誇れる、すぐれた食材

無類の旅好きの私は、アジアの国々はもちろん、ヨーロッパやアメリカ、オーストラリア……多くの国を訪れました。どこに行っても、その国の食事を味わうのが楽しみのひとつです。でもその体験は、日本のご飯ほどすぐれた食べ物はないのでは、という実感にもつながりました。毎日食べても飽きず、しかもどんなおかずとも合い、それ自体もしみじみとおいしい。しかもご飯とみそ汁、この2品で、ごく基本的な栄養素はほとんどとれてしまうそう。唯一お米で足りない栄養素（必須アミノ酸の一部）は、みそ汁のみその中に含まれているのだとか。本当に和食はよくできていると思います。むずかしい理屈はわからなくても、毎日ご飯とみそ汁をおいしく食べていれば健康でいられる、そう昔の人は体で理解していたのではないかしら。

私自身も、おいしいと思うものを、自分の体に聞きながら食べてきたつもりですが、その結果、たどりついたのが「やっぱり、お米のご飯は最高！」という思い。もっとふだんの暮らし、ふだんの食事の中のお米を見直してみませんか。

家族のために、きちんと料理を作ることが大切

忙しいときにテイクアウトのお惣菜やお弁当を利用したり、ときには家族で外食を楽しむのも悪いこ

とではありません。でも、市販のお惣菜は家族のために作られたものではないことを、忘れないでください。日持ちをよくするために濃い味つけをしたり、保存料を加えたりしているかもしれない、というものを食べ続けることには抵抗があります。生活習慣病の増加や、いわゆるキレやすい子どもたちの増加は、こうした食生活の変化と無関係ではないような気がしてなりません。とくに子育てをしている人たちには、材料を自分の目で確かめて選び、家族の好みや健康状態を考えて料理をすることの大切さに、改めて気づいてほしいと思います。

見直したい一汁三菜の食習慣

ふっくら炊けたご飯に、きちんと我が家でだしをとって作ったみそ汁。ご飯とみそ汁を作ることが「あたり前」、こんなふうに習慣づけてしまいましょう。

この2品がちゃんとできれば、それに見合った献立が見えてくるものです。調理法に変化をつけ、味つけも塩味、甘み、酸味とバランスよく組み合わせる。全体に彩りが地味なら、色の鮮やかな野菜をプラスする。毎日の料理に真剣に取り組んでいれば、こういうことも自然に身についてくるはず。基本というのは体験することで身につくものだと思いますし、毎日の地道なつみ重ねが大切なのではないでしょうか。

日本人は昔から、一汁三菜を食事の基本としてきました。ご飯とみそ汁に、肉か魚のおかずを1品、旬の野菜のおかずを2品という伝統的な食習慣。そのよさを、ぜひ再認識してほしいのです。これが日常になれば、毎日をどんなに健康で、気持ちよく過ごせることかと思います。

おいしいご飯

鍋で炊いたご飯を味わうぜいたく

鍋で炊いたご飯はひと味違う

私も子育てで忙しい時期は、朝のお弁当作りのため、外出した日の夕食のため、予約した時間に炊き上がる電気炊飯器にずいぶん助けられました。でも炊飯器のご飯は、子どものころ食べたご飯の味にはるか及ばないと、どこかで感じていたのも確か。

母から譲り受けた無水鍋photo p.252★(生活春秋、アクレスなど)や、手持ちの厚手の鍋でご飯を炊いてみると、炊飯器で炊くよりも格段においしいのです。もしもあなたが炊飯器のご飯しか知らなければ、まずは《無水鍋で炊くご飯》のおいしさを味わってみてください。無水鍋がなければ、厚手のお鍋で大丈夫。簡単だと思います。炊飯器よりは手間がかかるかもしれませんが、実行しようと思えば、誰にでもすぐにできることです。

ご飯用土鍋のご飯とおひつに注目

鍋で炊いたご飯は、炊きたてはおいしいのですが、鍋の中においたままにしておくと急激に味が落ちるのが難点。たまたまパンフレットで見かけた「おひつ」を求めてみると、炊飯器で炊いたご飯でも、おひつに移すだけでぐっとおいしくなることを発見。ご飯の余分な水分を吸収して飛ばしてくれるので、べたつかず、保温性にすぐれていて冷めにくいのです。ほんのり木の香りがするのもうれしい点。

無水鍋で炊くご飯

材料

米…3カップ（600㎖）　水…3カップ（600㎖）

作り方

❶米はといでざるにとり、30分おく。

❷無水鍋に①の米と同量の水を入れてふたをし、強火にかける。5～6分して蒸気が吹き出してきたらごく弱火にし、15分炊いて火を止める。

❸火を止めて5分ほど蒸らし、しゃもじで上下を返す。

❹おひつがあれば、ご飯をおひつに移し、ない場合は、鍋に乾いたふきんをかけてふたをする。

★無水鍋がない場合は、厚手の重量感のある鍋を使う。無水鍋の場合は米と同量の水でもふっくら炊けるが、厚手の鍋の場合は、米の1割増しの水で炊くのが基本。米の状態と好みで水加減をする。鍋のふたが軽くて頼りない場合は、ふたの上に重石をのせるとよい。蒸気が吹き出してから火を止めるまでの炊き時間は鍋とコンロの火力によって異なるが、およそ15～20分、蒸らし時間は5～10分が目安。

ご飯用土鍋炊きのご飯

材料

米…3合（540㎖）　水…3カップ（600㎖）

作り方

❶米はといでざるにとり、水けをきってご飯用土鍋に入れる。分量の水を加え、20分ほどおく。

❷中ぶたと上ぶたをのせる。このとき、中ぶたと上ぶたの蒸気穴の位置が直角に交差するようにセットする。

❸中火強にかけて同じ火加減で炊き、蒸気穴から蒸気が吹き出してきたら2～3分そのまま炊き、火を止める。最初から火を止めるまでは、米3合なら約14～17分。

❹火を止めて20分ほど蒸らし、しゃもじで上下を返す。

★伊賀焼きの土鍋は、多孔質の粗土を使用しているため、おひつと同様にご飯の余分な水分を適度に発散させる性質がある。保温性も高いので、炊き上がったご飯を、そのまま入れておいても大丈夫。ご飯をおひつに移すと、さらにおいしさがアップ。

さらに、もっとおいしくご飯を炊きたいというこだわりから求めたのが、伊賀焼きのご飯用土鍋（★長谷製陶）。もともと伊賀の土は蓄熱性が高いそうですが、土鍋の底を厚くしてさらに蓄熱性を高め、遠赤外線効果の高い釉薬を使用することで、火加減の調節なしでふっくらしたご飯を炊けるのだとか。かまど炊きのご飯がおいしいのは、薪が燃えた後にできる熾《おき》の余熱で蒸らすから。伊賀焼きの土鍋は、このかまど炊きご飯のおいしさを、ガスコンロで失敗なく再現できるのが魅力です。パチパチという音と、香ばしいおこげの香り。この《ご飯用土鍋炊きのご飯》（レシピ p.243）をおひつに移して食べてみると、おいしくて、しみじみと幸せを感じます。

ご飯の本当のおいしさは塩むすびで味わう

ふっくら炊けたご飯に、まず塩をつけてにぎってみてください。私はご飯は塩むすびにするのが一番おいしいと思います。

〈塩むすび〉を作るには、まず手のひらを水でぬらして塩をつけ、炊きたてご飯をのせて、リズミカルに両手のひらの上で転がしながらにぎります。表面はしっかり固め、中はふんわり柔らかくなるように手かげんをして。塩むすびをかみしめると、お米特有の甘みがじわっと伝わります。ご飯のおいしさが充分に感じられるように、具はあくまで脇役。日本人なら、このおいしさをぜひ覚えてほしいもの。

塩むすびは《玄米ご飯》（レシピ p.247）でも作ります。上手に炊いた〈玄米ご飯塩むすび〉（photo p.253）は、ぱさつくこともなく、素朴で香ばしいもの。お客さまにお出しすると、皆さん、「玄米ご飯って、こんなにおいしいものなのですね」と喜んでくださいます。

また、おむすびはどれも同じ大きさにそろえて握るのでなく、大小いろいろなサイズに作ります。すると、食べる人のそれぞれのおなかのかげんに合わせて、大きいものや小さいものが選べるわけです。

お米は精米日を確認して選び、保管にも注意

おいしいご飯を炊くには、お米そのものがおいしいことが第一条件。味の好みは人それぞれですから、自分の口に合うものを探すことです。私は、もっちりして、かみごたえのあるご飯が好きなので、新潟・魚沼産のお米を取り寄せています。そのほか、雑穀、赤米、黒米、タイの香り米なども、ときに変化球として楽しむこともあります。

お米選びも、野菜選びと視点は同じ。我が家では信頼できるお米屋さんからとり寄せています。お米にもいろいろなブランドがありますが、大切なのはブランドよりも、精米してからの時間。必ず精米日をチェックし、新しいものを選びましょう。

せっかくおいしいお米を手に入れたら保管状態にも気を配りたいもの。私はステンレス製の完全に密封できる容器に入れて保存。これで、ほかの食品のにおいが移る心配もなく、虫がわきやすい夏場も安心です。

お米の状態によって、水加減や浸水時間を調節する。これも、おいしいご飯を炊くための大切なポイントです。

「新米は水分を多く含んでいるので、1割ほど水を控える」、「すし飯にするときは、あとで合わせ酢を加えるので水を控える」、「お米の浸水時間は、気温の高い夏は短め、低い冬は長めに」というふうに、状況を見極めて扱い方を少しかげんすることが大切です。

玄米ご飯

白米に負けないパワーと栄養を味わう

玄米ご飯は体に効く？

母が玄米主義だったこともあって、子どものころから玄米ご飯はふだんのごはんでした。私自身が母親になってからも、玄米はごく自然に我が家の食卓に登場。今では、白米よりも玄米の方を多く食べています。もう嫁いでしまった娘たちに、「子どものころ、好きだった食べものは？」と聞くと、即座に〈玄米のり巻き〉という答え。小さく切った焼きのりに温かい玄米ご飯を少しのせ、のりを半分に折りたたんで両端を押さえただけのものです。意外な答えで、ちょっと驚きました。でも、「これは、からだにいいから食べなさい」ではなく、「おいしいものは、きっとからだにもいいわよ」と言ってきた私。体によくておいしい玄米のり巻きが母の味のベスト1になったのは、とてもうれしいことでした。

以前、鼻炎をこじらせたとき、意識的に玄米ご飯と野菜中心の食事に切りかえてみたことがありました。すると1年ほどで鼻炎はすっきり完治。体調もよくなってきました。因果関係ははっきりしませんが、玄米ご飯がよかったのではと思っています。

良い玄米にこだわり、カムカム鍋で炊く

本当においしい《玄米ご飯》は、白いご飯とはまた違う食感で、かめばかむほど味わい深く、とにかくおいしい。そのおいしさの理由は多分、玄米選び

玄米ご飯

〔カムカム鍋＋圧力鍋で炊く場合〕

❶玄米3カップ（600㎖）は水でゆすいでざるにとり、水けをきってカムカム鍋に入れ、同量（600㎖）の水を加えてふたをする。これを圧力鍋に入れ、カムカム鍋の高さの半分まで水を注ぎ入れ、圧力鍋のふたをする。

❷強火にかけ、圧力がかかり始めたら、そのままの火加減で2〜3分加熱し、火を弱めて50〜60分加圧する。

❸火からおろし、そのまま圧力が下がるまでおく。または、水をふたにかけて圧力を下げてもよい。

〔圧力鍋だけでもっちり炊く場合〕

❶玄米3カップ（600㎖）は洗って圧力鍋に入れ、4カップ（800㎖）の水を加える。

❷ふたをして強火にかけ、圧力がかかり始めたら、そのままの火かげんで2〜3分加熱し、火を弱めて20〜25分加圧する。

❸火からおろし、そのまま5分ほどおいてからふたに水をかけ、圧力を抜いて20分ほど蒸らす。

と鍋選びへのこだわりのおかげだと思います。

おいしい玄米ご飯は、よい玄米があってこそ。とくに安全性については、白米以上に注意しなくてはなりません。白米がおいしくて安全ならば玄米も大丈夫。そう考えて、私は白米と同じ新潟の魚沼産の玄米を取り寄せています。

もうひとつ、おいしい玄米ご飯のために大事なのは何で炊くかです。いろいろ試した結果、ベストなものとして使っているのがカムカム鍋photo p.252★（リマ東北沢店）。カムカム鍋とは圧力鍋の中に入れて使う玄米専用の陶器の内釜です。遠赤外線効果があるため、玄米がパサパサした仕上がりにならず、ふっくら炊き上がるのです。おこわのように、もっちりとした食感に炊き上げたいときは圧力鍋でじかに炊くといいでしょう。

玄米のおいしさは海外でも通用する

そのままはもちろん、おかゆ、リゾット、おむすびなどにして楽しんでいる玄米。黒豆、大豆、ひよこ豆などの豆類やもちきびやもちあわなどの雑穀を混ぜた玄米ご飯もおいしいですね。さらに玄米を野菜の一種ととらえて、サラダ、スープ、ライスコロッケにするなど、その楽しみかたは多彩です。

最近、玄米でよく作るのが《干し野菜の細巻き》。イタリアでのこと、にんじん、セロリ、きゅうりなどの彩りのきれいな干し野菜を炒めたものを芯にして、玄米の細巻きをお客様にお出ししたら、「イタリア国旗の色だ」と大好評。イタリアの家があるウンブリアは肉料理がおいしいことで有名な土地柄ですが、そんな土地の人たちにも喜んでもらえたのは意外でもあり、うれしくもなったものでした。

干し野菜の細巻き

材料（6本分）

きゅうり…1本　セロリ・にんじん…各1本　ごま油…少々　塩・いり白ごま…各適宜　焼きのり（全型）…3枚　玄米ご飯（温かいもの）…2カップ

作り方

❶きゅうりは縦半分に切って種を取り除き、セロリは筋を取って、それぞれ斜め薄切りに。にんじんは斜め薄切りにしてからせん切りにする。

❷①の野菜を別々のざるに広げ、2～3時間から半日ほど天日で干す。

❸フライパンにごま油を熱して②の干し野菜を別々に炒め、それぞれ塩で味をつけ、いり白ごまを混ぜる。

❹焼きのりは縦半分に切って玄米ご飯を薄く敷き、③の具を1種類ずつ芯にして細巻きを作り、食べやすい大きさに切り分ける。

★芯にする具は干したり炒めたりせず、生野菜を塩もみして、水けをしっかり絞ってから使ってもいい。

★この細巻きは、大人の時間の前菜や、子どものおやつなどにもおすすめ。

おもなだし素材

我が家で使っているおもなだしの材料。ボウルの中はふわっといい香りが漂うかつおの削り節。右側のだし昆布は日高昆布。状態のよく分かる透明のポットに入れて冷蔵庫に一晩おけば、おいしい水だしがとれる。手前は濃厚なだしがとれる煮干し。

p222〜228 参照

鶏のスープ
レシピ p230

ゆで手羽先のグリル
レシピ p231

白身魚のスープパスタ
レシピ　p233

熱湯にくぐらせたアラは、
氷水にとって霜降りにする。
p234 参照

おいしいご飯を炊く道具

玄米は圧力鍋にカムカム鍋
をセットして炊くと美味に。
p247 参照

母からプレゼントされた無水
鍋はいまも現役活躍中。
p242, 243, 280 参照

軽く洗った玄米をカムカム鍋
に入れ、同量の水を加える。
p247 参照

ご飯用土鍋で炊いたご飯は
今、いちばんのお気に入り。
p243, 244 参照

玄米ご飯塩むすび
p244, 245 参照

基本の調理道具

右からグローバルの牛刀、菜切り、ペティナイフ。まな板は、ラ・バーゼのゴムの木製まな板。
p262〜267 参照

バットと角ざるは同サイズのものが何組かあると重宝する。

p275,276 参照

ボウルは丸ざるや丸プレートとともに使うと便利。

p271 参照

入れ子にできるので収納力抜群の
クリステルの鍋
p278 参照

デザイン性に優れたバラッゾーニ社の
ステンレス鍋
p279 参照

底の凹凸で焦げつき防止。
柄まで鋳物のフライパン。
p283 参照

銅製打ち出しの有次の鍋。
底の丸みが煮物作りに最適
p279, 280 参照

炊き込みご飯

旬の素材とご飯とのおいしい出会い

シンプルな具はご飯のおいしさを引き立てる

私の炊き込みご飯の原点は、子どものころに母が作ってくれた《里いもご飯》。里いもご飯は、今も大好きでよく作ります。炊き上がってから、仕上げにちりめんじゃこをたっぷり加え、里いもがつぶれないようにやさしく混ぜてでき上がり。

炊き込みご飯のいいところは、筍、空豆、いも類のように旬の具を気軽に楽しむことができるところ。もちろん乾燥豆のように1年中楽しめる具もありますが、私は具は1〜2種類の、シンプルな炊き込みご飯が気に入っています。そのほうがご飯と具、それぞれのおいしさが舌に残ると思います。

里いもご飯

材料（4人分）

米…3合（540㎖）　里いも…500g　A〔だし汁…3 1/4カップ　酒…大さじ3　しょうゆ…大さじ1 1/2　塩…少々〕　ちりめんじゃこ…2/3カップ

作り方

❶米は炊く30分前にといでざるに上げ、水けをきる。
❷里いもは水洗いし、ほぼ乾いたら皮をむく。さらしのふきんかペーパータオルで表面のぬめりをふき取り、一口大に切る。
❸炊飯器の内釜に①の米を入れ、Aを加えて軽く混ぜ、②の里いもをのせて炊き始める。
❹炊き上がったら里いもをつぶさないようにして、しゃもじで上下を返し、ちりめんじゃこを加えて全体に混ぜる。

★里いもの扱い方については66ページ参照。

具によってだし汁と水を使い分ける

炊き込みご飯は、具によって水とだし汁を使い分けましょう。具からだしの出る肉や魚介の場合は水、野菜だけの場合はかつお節のだし、または昆布とかつお節のだし（223ページ）を使います。味の出るきのこ類や相性のいい豆類の場合は昆布を入れて炊きます。下段でご紹介する《いり大豆の炊き込みご飯》。煮豆とはまた違った大豆の香ばしい香りやほっくり感を昆布だしが引き立てます。ただし、これという決まりはないので臨機応変にだしを選びます。

なお、炊き込みご飯は電気炊飯器で炊いてもおいしくできるので、気軽にとりかかれると思います。

いり大豆の炊き込みご飯

材料（4人分）

米…3合（540㎖）　大豆（乾燥品）…¾カップ　A〔だし汁（昆布…10㎝　水…3カップ）　酒…大さじ3　しょうゆ…大さじ1½〕

作り方

❶昆布は分量の水に浸して1時間以上おく。

❷米は炊く30分前にといで、ざるに上げて水けをきっておく。

❸大豆はフライパンで焦げ目がつくまで空いりする。

❹炊飯器の内釜に②の米を入れて①の昆布をつけ水ごと加え、酒、しょうゆ、③の大豆も入れてひと混ぜし、普通に炊く。

❺炊き上がったら昆布を取り出し、4～5㎝長さの細切りにする。しゃもじでご飯の上下を返して器に盛り、細切りの昆布を飾る。

ご飯の冷凍法

ふっくらご飯を再現するために

ご飯の冷凍は粗熱がとれたらすぐに

ご飯は少量で炊いてもおいしくないので、ふだんは一度に3合炊きます。でもひとり暮らしなので、今ではそれをその日のうちに食べきることはできません。そこで、残ったご飯は1食分ずつ小分けにして冷凍保存。でんぷん質であるご飯は、冷凍も可能。また、外出した日などは家に冷凍ご飯があると心強いもの。ただし、上手に冷凍するには少しコツがあります。

ご飯は土鍋で炊いておひつに移しますが、冷凍にする分のご飯は、温かいうちに取り分けてしまいます。30センチ四方ほどのラップを広げておいて、その上にお茶碗によそうように、一膳分のご飯をふわっとのせます。ご飯が温かいうちに、ご飯粒をつぶさないようにしてラップでふんわりと包み、それを人肌にさましてからフリージングパックに入れて密封。この状態で冷凍室に入れます。フリージングパックにご飯をぎゅうぎゅうに詰めてから平らにのばして、というのは禁物。一度ご飯粒をつぶしてしまうと、決してふっくらした食感が戻りませんから。

冷凍ご飯の解凍は、私の場合、ご飯を炊く土鍋と同じ長谷製陶★の専用陶器でレンジ解凍します。この器は、電子レンジで加熱中に余分な水分が熱蒸気化されるというもの。蒸し器で温めたようなふっくらご飯が楽しめるすぐれモノです。

第7章 基本の調理道具編

よい道具は料理の腕をぐんと上げる

切れる包丁を使い、刃当たりのよいまな板の上で、トントンとリズミカルに野菜を切っていく。なんだか気持ちまで楽しくなり、つい歌が口をついて出る。こんな経験はありませんか。そう、気に入った道具と接していると、料理作りが楽しくなってきます。

優れた道具が必要な場所に必要な数だけ揃っていること

で、どれだけ助けられることか。でも当たり前のこのことが、意外に難しいのです。

味の決め手は、まずは素材のよさ。あとは料理人の腕のよさと道具のよさが五分五分だと思います。つまり、私にとって調理道具は腕のよさと同等に思えるほど大切なもの。よい道具は料理の腕の足りない部分を補い、引き上げてくれます。

とくに、包丁、まな板、ボウル、バット、鍋といった道具類は、毎日の食事作りに欠かせない基本的なもの。それだけに、どうしても選択の目は厳しくなります。機能性やデザイン性、収納性やメンテナンスのよさなどにとことんこだわった、私が使っている道具をご紹介しましょう。

幾多の変遷を経て既製の道具の中から選んだものもありますし、理想の道具に出会えずに、結局職人さんと相談しながら作ってしまったものもあります。

包丁

刃と柄が一体成形された包丁の使いよさ

とことん使いやすい包丁との出会い

包丁は、切れない、持ちにくい、研ぎにくいなど、ひとつでも気に入らないところがあると、料理が気持ちよく作れません。そのすべての点で合格ラインを超えているのが、今、愛用しているグローバルの包丁です。十数年前に知人からいただいたのが、使い始めたきっかけです。まず、最初はその切れ味のよさにびっくり。刃と柄が同じステンレス製の一体構造というデザインも素敵で、そのため洗いやすく、汚れがたまりにくいというメリットもあります。ステンレス製なので、さびにくいのもうれしい点です。使ってみて、すぐファンになりました。

新しいうちはそこそこよく切れても、すぐに切れ味が落ちてしまう包丁があります。研ぎ直しても、切れ味がもどらない包丁も多いもの。その点、グローバルの包丁は、研げばもとの切れ味が戻ります。また、適度な重みがあり、バランスがいい。バランスがいいから、握ったときに安定感があって切りやすいのです。柄の部分に並んでいる直径2ミリのドットは単なる飾りではありません。このドットが凹凸になっているのですべりにくく、手にしたときのひんやり感をやわらげる効果もあるのだとか。

以前は鋼《はがね》の包丁を使っていましたが、これは自分で研ぐのがむずかしいのが難点。研ぎ屋さんに頼んでいたのですが、そのおじいさんが亡くなられて、ちょうど困っていたときにグローバルの包丁と出会いました。ですから、まさに渡りに船。ステンレスの包丁は鋼に比べるとずっと研ぎやすく、これなら自分でもできそうと、ホッと胸をなでおろしたものです。包丁は毎日必ず使うものですから、メンテナンスがラクというのは大切なことです。

使用頻度の多いものから順に３本はほしい

出刃包丁、刺身包丁、菜切り包丁などの和包丁も含め、我が家の包丁はおよそ20丁。パン切りナイフ、チーズナイフ、トマトナイフなど、仕事柄たくさんの包丁を使い分けています。お宅で使うなら、photo p.254刃渡り20センチ程度の牛刀、刃渡り10センチ強のペティナイフ、それに菜切り包丁の３本があれば充分。さらにパン切りナイフがあればなお完璧です。

うちで出番が多いのは、刃渡り11センチのペティナイフ。柄の部分がなだらかにカーブしていて、握ると、手のひらに吸いつくように納まるのです。まるで手の一部のようになじみます。野菜の皮をむく、刻む、薄切りの肉を切るなどはこれで。あじやいわしのように小さな魚なら、ペティナイフのほうがおろしやすいくらい。手離せない1本です。

牛刀はかたまり肉やかぼちゃ、白菜、大根、キャベツなど、大きい材料を切り分けるときに重宝しています。菜切り包丁は刃が長方形で、材料に当たる部分が水平なので、野菜のせん切りがラクに、きれいにできます。これも野菜好きには外せないかも。

いい道具には隠れた職人技が生きている

斬新なデザインと機能美を併せ持つグローバルの包丁は、輸入品かと思いきや、れっきとした日本製。新潟県燕市にある吉田金属工業★の製品です。当初、輸出向けに作られたものが欧米のシェフたちに高く評価され、逆輸入のような形で日本でも注目されるようになったもの。オールステンレス一体構造の包丁を、世界に先駆けて作ったのが日本のメーカーだと知って、なんだかうれしくなりました。

気に入ったものが、どのように作られているのか、実際に見てみたくなり、吉田金属工業にお邪魔したことがあります。入念な焼き入れ、焼きもどしの処理で金属の強度を高めていきます。切れ味をよくするためには、手術用のメスにも使われるモリブデン、パナジウムといった金属を配合しているとの説明に、感心するばかり。グローバルの包丁は一体構造とはいっても、柄と刃は別々に作ってつなぎ合わせてあるそうですが、包丁を手にしても、つなぎ目があると気づく人はまずいないでしょう。つなぎ目が分からないように美しく仕上げたいという職人さんのこだわりは、こんなところにも。本当にいい道具は、いい職人さんあってのものなのですね。

包丁研ぎのコツを覚えて、切れる包丁の醍醐味を

どんなによく切れる包丁でも、手入れを怠れば、たちまち切れなくなります。包丁が切れるかどうかで、料理の仕上がりは大違い。そこで私は仕事が終わった夜半に、時間を決めて、まとめて包丁を研ぐことにしています。その上で、料理を作る前にも、使う包丁のみを5～10分研ぎます。

包丁研ぎも、最初のうちは上手にできませんでした。試行錯誤の末、砥石にゴム製のストッパーをセットすることで砥石を固定。研ぐ角度や力の入れ具合などのコツを得て、今ではちょっと自慢できるほどの包丁研ぎ名人です。

切れ味のよい包丁を使うと、苦手だったせん切りも美しく上手に仕上がり、料理が楽しくできるようになりました。

包丁研ぎのコツを少しご説明しましょう。砥石には粗砥《あらと》、中砥、仕上げ砥の3種がありますが、最初は中砥と呼ばれる砥石がひとつあれば充分。刃欠けなどの包丁があれば、まず粗砥で研ぎ、ていねいに仕上げたいときは、中砥で研いだあと、きめの細かい仕上げ砥を使うわけです。研ぐ手順は次のとおり。

①砥石を20分ほど水につけておき、水を含ませる。②砥石をゴム製のストッパーにのせ、水平な場所に置く。③包丁の刃を手前にして、砥石の対角線上に刃全体がのるようにして置く。④右手で包丁の柄を握り、握った手の親指で刃を押さえる。左手の人さし指、中指、薬指を刃の中央に軽く添えて構える。⑤砥石と刃の角度を約15度（10円硬貨1～2枚分の厚さ）に保ち、手前から奥に向けて、スッ、スッと動かす。奥から手前に戻すときは、力を入れないようにして、リズミカルにくり返す。⑥研ぎ具合を確認する。刃先の表面を指でさわってみて、全体にざらっとした感触の「刃返り」ができていればOK。⑦刃を裏返し、刃先を手前にして、同様にして研ぐ。表六、裏四の割合で研ぐのが目安。

上手に研げた包丁は、刃の輝きが全然違います。切れ味をすぐに試してみたくて、つい身近にある野菜を探してしまいます。玉ねぎやトマトがスパッ、スパッと切れたときの気持ちのいいこと。長ねぎ、青じそ、しょうがなども、針のように細いせん切りがおもしろいほどきれいにできます。研いだあとの切れ味のよさを知ってしまうと、もう包丁を研がずにはいられません。長年研ぎ直して使っていると、刃が目減りして小さくなってきます。でも、それも使い込んだ美しさ。愛着もひとしおです。

まな板——厚みがあって、しかも乾きが早い正方形のまな板

ゴムの木のまな板は刃当たりがよく清潔に使える

包丁とまな板は切っても切れない関係です。まな板の役目は、そこに素材をのせて切ること。だから、つねに包丁とセットで使うものと考えて、材質、サイズなどを決める必要があります。

私が基本のまな板photo p.254として使っているのは、約26センチ四方の正方形のもの。素材はゴムの木です。以前はアメリカ製の寄せ木作りで、これとほぼ同サイズのまな板を使っていました。ところが、長年使っているうちに、さすがに痛んできました。買い替えたくてもメーカーではすでに日本での入手は不可能とのこと。同様のものを探しても、見つかりません。それでは作ってしまいましょうか、ということになり、自分でキッチン用品のデザイン、プロデュースを手がけることになりました。作るのならばキッチンの中で基本となる道具にしたいと考え、このシリーズの製品には、「ラ・バーゼ」（イタリア語で基本、基礎という意味。取り扱いはフーディーズ★など）という名称をつけました。このような経緯をへて、現在愛用しているのは、ラ・バーゼのまな板です。

材質のゴムの木は適度な弾力があり、堅すぎず柔らかすぎずで、包丁の刃が当たったときの音や、感触の心地よさは抜群。表面を植物性オイルで加工処理しているので、食べ物のにおいも移りにくく、傷

がつきにくい長所もあります。その上、水きれがいいので乾きが早く、清潔に保てます。サイズは1辺26センチの正方形で、厚さ2.5センチ、重さは1キログラム強。厚いので安定感があり、四角いので収納場所をとらず、持ち運びにも便利です。長年使って表面がでこぼこになっても、メーカーに依頼すれば削りなおしてもらえるシステムになっています。

４枚を臨機応変に組み合わせて使う

私は同じものを4枚セットにして使っています。それには理由があるのです。トマトを1個切るだけというように、少量のものを切る場合は1枚で充分。長ねぎやごぼうなど、長いものを切るときは横に2枚並べれば好都合。また、きゅうりやキャベツなど、大量の野菜を刻むときは縦に2枚並べ、刻んだものを奥のほうに移せば、手元はいつもすっきり、広々と使えます。サンドイッチの具をのせるときなどは、まな板が広いほど作りやすいもの。その際は、4枚並べて大きな正方形にすると食パンが10枚置けるので、作業の効率が格段にアップ。

大は小を兼ねる、ということばはまな板には合いません。大きいまな板は、重くて手間どりますし、場所もとるでしょう。

下ごしらえの作業は、まな板で野菜を切っては洗い、魚をおろしては洗うということのくり返し。そんなとき、軽くて小ぶりのまな板なら扱いがラクな上、汚れたらすぐに洗えますから、きれいなものを待機させて次々に使い、最後にまとめて洗うこともできるので大助かりです。

小さい木箱のふたをまな板の上において使う

基本のまな板以外にも、とっておきのまな板があります。とはいっても、形もサイズもいろいろな、ただの板きれです。実はこれは、まな板として売られていたものではなく、そうめんや佃煮が入っていた木箱のふた。単なる木板ですが、基本のまな板の上にのせると安定して、とても使いやすいのです。たとえば、にんにく、しょうがなどをちょっと刻むときは、この小さいまな板が大活躍。刻み終わったら、この板だけ横におろせば、次の作業をスムーズに続けられますし、におい移りの範囲も最小限ですみます。刻んだ薬味を炒めるときは、板にのせたまま中華鍋やフライパンまで運べるので、とても重宝。もうひと回り大きめの板なら、豆腐を切り分けてそのまままみそ汁の鍋へ直行。この使い勝手のよさは、ほかのまな板には望めません。

木箱のふたは、おもに檜《ひのき》や杉。年輪が詰まっているので、長年使ってもゆがみもなく丈夫です。こんな板きれでも、包丁を入れたときの感触はプラスチックとは大違い。汚れたら漂白したり、クレンザーでごしごし洗ったりすれば、いつまでも清潔に気持ちよく使えます。最近は、昔ほど立派な木の箱もなくなってしまいつつあるのは残念ですが……。

使って楽しく、眺めて美しいオリーブのまな板

イタリアに足を運ぶようになってから新しく仲間入りしたのが、オリーブの木のまな板。これは、イタリアの田舎のオリーブ細工の専門店で求めたものです。樹齢数百年というオリーブの古木を、さらに数十年寝かせたものがまな板の材料。古木でないと、私の希望する薄さに仕上げられないのだそうです。天然木の木目を生かしたナチュラルな形が美しく、同じものは2枚とありません。そこで、イタリアに行くたびに、オリーブのまな板を特注してしま

います。「古木も手に入りにくくなっているし、これを薄く作れるのは職人の中でもベテランのおじいちゃんだけ。でもその人はもうリタイアしている」というのですが、そこを押しに押して、樹齢３００年、63年寝かせたすばらしいオリーブの原木をなんとか入手しました。

先のベテランのおじいちゃんに頼み込んで、この木で私好みの薄くて美しいまな板を作ってもらっているところです。

オリーブの古木はとても堅く、まな板の上でくるみを割っても、びくともしません。包丁の刃のあともつきませんが、その音の響きのきれいなこと。色も形も美しいので、まな板とトレイの兼用で使えるのもうれしい点。焼きたてのピザやパン、チーズなどをのせて食卓に出すと、「きれいな木目ですね」と言ってくださる方も多いのです。フルーツを盛りつけても、よく似合います。

長く使っていると表面が白っぽくなってきますが、サラダ油を薄く塗ると、もと通りになります。皆さんも卓上で楽しめるこんなまな板を1枚持ってはいかが。

まな板はよく乾燥させて収納する

木製のまな板は乾いたものを切るとき以外は、1度水で湿らせてふきんでふいてから使うとにおいがつきにくいもの。使い終わったらその部分だけでなく角までよく洗い、水けをふいて立てて乾かします。棚などに収納する場合は、完全に乾いてからでないとかびの原因になるので要注意。表面の包丁による細かい傷に雑菌が入ると黒ずみの原因や雑菌の温床になりやすいので、定期的に漂白剤など、除菌ができる台所用洗剤で殺菌するといいでしょう。

ボウル・丸ざる——ステンレスのふたつきボウルの思わぬ効果

ボウルは意外に数が必要

キッチンで、ボウルやざるを使わない日はありません。料理の準備に、なくてはならない道具、こういうものこそ、確かな目で選ばなければと思います。

我が家には、驚くほどの数のボウルやざるがあります。一度に何十種類もの料理を作るという職業柄もありますが、ボウルやざるが足りないと、とても困ったことになると、身にしみてわかっているからです。以前、材料を入れるボウルが足りなくなって、鍋や皿まで動員し、大あわてしたことがあります。材質や形の不ぞろいなものがたくさん並ぶとスペースも必要以上に取ってしまいます。こうなると見た目に煩雑なだけでなく、作業の能率が落ち、気持ちのゆとりもなくなります。仕事に限らず、ふだんの台所仕事でも楽しく、スムーズに作業を進めるためには、充分な数のボウルやバット類はどうしても必要なものです。

どのようなボウルやざるが使いやすいか

ボウルやざるはあまりにも日常的なものなので、その使い勝手について、真剣に考えたことはあるでしょうか。どんなボウルやざるを使っていますか。そしてそのボウルやざるは、本当に使いやすいですか。私が考える理想のボウルは、「持ちやすく、軽いけれども安定感がある」、「深すぎず浅すぎずの適度な深さがあり、形が美しいもの」、「表面はテカらないマットな仕上げで、熱に強い上質のステンレス製」、「すみずみまできれいに洗える作りのもの」。

理想のざるの条件もほぼ同じ。最近よく見かけるパンチングのざるは、表面張力で穴の表面に水の膜ができるため、中に水がたまってしまい、水きりの用をなしません。ざるはやはり、ワイヤを編んだものがよさそう。「丈夫で変形しにくいこと」、「洗いやすく、水や汚れがたまらない作り」、「ボウルと重ねて使いやすいもの」などが条件です。

ですが、ボウルもざるもいろいろな種類のものがたくさんあるものの、機能、デザイン、メンテナンスを考慮すると、使う人の身になって作られているものには出会えませんでした。「では、ボウルやざるも作ってしまったら」という言葉に後押しされて、自分でデザインしてみることになりました。

究極のボウルとざるの特長

製造を依頼したのは、金属洋食器の街として世界的に名高い新潟県燕市の工場。私はそこにも何度か足を運び、職人さんやスタッフとの話し合いを重ねること約1年、数々の試作品を作った後、ラ・バーゼのシリーズとしてボウルとざる、それに合うプレートができ上がりました。

photo p.255
ボウルは、大（直径27センチ）、中（直径21センチ）、小（直径15センチ）の3種類。ざるも同サイズで3種類あります。この3種類のサイズがあれば、ほとんどの料理がこなせるはず。重ねれば大1個分のスペースにすべて収納できます。ボウルとざるができたあと、スタッフから「ふたがあると便利では」という意見が出て、ふたや受け皿として使えるフラットなプレートも作ることになりました。

ボウルは材料をこねたり、菜箸や泡立て器で混ぜたりするのに、ちょうどよい深さ。見た目よりもたっぷり入ります。底から側面の上のほうに向けて、ステンレスの厚さを薄くしているため重心が低く、安定感は抜群。ステンレスの一枚板から作っているので、つなぎ目なしで洗いやすく、汚れがたまりません。ボウルの表面をつや消しのスコッチ仕上げにしたら、上品で美しい質感になりました。

ざるは、とにかく水きれのよさと丈夫さを第一に追求。ふつうのざるのように細いワイヤを平織りにして成形するのではなく、太めのワイヤを綾織りにして成形しているので、ぐっと強度が増し、多少のことでは変形しません。また、底に足がついているので、調理台にじかに置いても水がもどる心配はなし。これならくり返し洗って、いつまでも清潔に使うことができます。

ボウルもざるも、縁の部分を幅広にとり、内側に向けて傾斜させてあるので持ちやすく、つなぎ目がないので、汚れがたまる心配もありません。さらに、ボウルとざるを重ねたとき、縁に少しすき間ができる設計。そのすき間に指を入れれば、ラクにざるを持ち上げることができます。

プレートも組み合わせると使い道が広がる

ボウル、ざる、プレートはサイズをそろえて持っているととても便利です。ざるとボウルはサイズを合わせておけば水きりの必要なときに重宝しますし、またプレートでボウルにふたをすれば、ボウルを重ねることが可能になります。ラップの必要がなく、場所ふさぎになりません。

私は最近、なるべくラップ材やビニール袋の類いを使わないように心がけています。見た目も悪いし、環境にもよくありませんから。さらにプラスチック製品も極力使わない、新たに買わないを原則に。こういうことをひとりひとりが心がければ、やがて大きな力になり、地球の温暖化防止に協力できるのではと考えています。こういうことは、始めるとおもしろくなるものです。

さて、話は戻りますが、洗った野菜をざるに入れて水きりするときは、下にプレートを敷けば水受け皿になります。調理台に置いて、玄米のもみがらとか、いたんだ豆を取りよける皿としても重宝。ボウルにそれよりも小さいプレートを組み合わせれば、即席漬けなどの落としぶたにも最適です。

プレートの思わぬおまけの効用

プレートの想定外の使い道に、びっくりしたエピソードがあります。たまたま残った香菜をボウルとざるをセットした中に入れ、プレートでふたをし、冷蔵庫に入れて旅行へ。

1週間後に帰宅し、急ぎ香菜を見るとシャキッとしています。おまけに芽も出て、中で育っているではありませんか。まるできつねにつままれた気分。そこでまた残った小松菜を同様にして、イタリアへ。10日ほどして帰国しても、またピンピンしています。思わず「まるで魔法のボウルみたい！」

それからは、ハーブ類や葉野菜は野菜室に入れず、もっぱらここに保存しています。アルミのボウルやプラスチックの密閉容器ではこうはいきません。ステンレスの冷気の伝導のよさと、ボウルとプレートのわずかなすき間から呼吸できているせいかしら。

バット・角ざる——同サイズのものを何枚か持つと便利

バットは料理の下ごしらえに不可欠

料理の下ごしらえに、ボウルと同様、いやそれ以上に出番が多いのがバットです。仕事で20種類くらいの料理を作ることがよくありますが、そんなときには、作る料理ごとに各材料をボウルやバットに入れて準備しておきます。

葉野菜のように水につけておくようなものはボウルに、あとのものはバットに。20種類の料理なら20種類のボウルとバットが目の前に並びます。

次に、そうした中から、みじん切りにするもの、細切りするもの、ぶつ切りにするものという風に、料理に応じて先に素材を切って準備しておきます。

こうすると種類の多い料理でも混乱なく、スピーディに、目にみえる形で整理がつきます。こうすると忘れ物がなくなり、次になにをすればよいのかも、全体的に自然に見えてきます。

このやり方はホームパーティや、人数の多い家庭の食事作りにも応用できます。こうするとその日に作るメニューが一目瞭然。さあ、あとは時間のかかるものから順番に、段取りよく料理スタート！

このとき、ボウルと丸ざる同様、同サイズのバットと角ざるがあると大変重宝します。下ごしらえの内容に応じてバットだけ使ったり、角ざるとセットにして使ったりできます。この使い道については、次のページで詳しくお話ししましょう。

理想のバット、角ざる、プレートが完成

ボウル同様、こちらも理想の製品を求めて、角プレートとともに、ラ・バーゼのシリーズとして完成。サイズは21センチ×25センチ程度の使いやすいワンサイズのみ。我が家には仕事柄20組ほどありますが、ワンサイズなら重ね置きが可能なので、収納スペースは1組分とたいして変わりません。

photo p.255
バットはボウルと同様にステンレスの一枚板で、つなぎ目なしの仕様ですから、機能性や見た目の美しさ、メンテナンスなどもほぼ同様です。角ざるも、丸ざると同様に太くて丈夫なワイヤを使っていますが、バットを重ねたとき、持ち上げるのがよりラクなように網の目を粗くしました。角プレートは、つまみなどの突起がなく平らなので、ふたにして上にどんどんバットを重ねて冷蔵保存することが可能。なん種類かのマリネ作りにも便利です。その上、しっかりしたステンレスなので、ケーキ型としても使え、オーブンに入れて熱しても大丈夫です。最初はちょっと高値のようでも、長年、使いやすく、しかも気持ちよく使えるとなれば、結局はお買い得といえるのではないかと思います。

バットセットの使い道は数えきれない

さて、同サイズのバットと角ざる、角プレートの使い道ですが、もう数えきれないほど。ザッと考えるだけでも10～15パターンは思い浮かびます。

（1）まずはバットのみを使う

いちばんよく使うのは、前述のように切った材料を並べて、スタンバイしておくケース。また、材料に片栗粉をふりかけたり、パン粉をまぶしたりするときにも使います。さばやあじを酢締めにするとき

にも重宝しますし、豆腐の軽い水きりには、バットの上にふきんやペーパータオルを敷いて、その上に豆腐をのせます。より賢い使い方としては、コロッケ種やひき肉種をバットの中で平らにならし、縦横にすじ目をつけて1個ずつ丸めます。こうすれば、ほぼ同じ大きさのコロッケやハンバーグのでき上がり。形をととのえた種は、次のバットに並べます。

（2）バットとプレートを組み合わせて使う

バットにプレートをセットすれば、マリネなどの中身の入ったバットどうしを重ねることができます。また、あさりの砂抜きもおまかせです。あさりはボウルより重ならずに入るので、のびのび呼吸ができておもしろいほど水を吐きます。プレートを少しずらせてのせておけば、あたりが水びたしになりません。

（3）バットと角ざるを重ねて使う

たとえば、干し野菜作りに空気の通る角ざるはとても便利。もちろん、バットにセットして薄切りにした野菜を広げ、日光浴させます。

魚に塩をふって臭みのもとになる水分を出したり、ゆでた野菜をさますときや、揚げ物の油きりにも、バットと角ざるのコンビは欠かせません。

（4）バット、角ざる、プレート全部を使う

豆腐ステーキや豆腐のグリル用にしっかり豆腐を水きりしたい場合にも、バットセットはとても重宝します。このときはアイテム全部を使います。バットに角ざるをセットし、ふきんに包んだ豆腐を置いてプレートをのせます。重石をすると、均一に力がかかって豆腐が型くずれしません。

以上のように、バットセットの活躍は数えあげればきりがありません。

鍋・フライパン——鍋の形や材質から得意料理を知って使い分ける

ステンレス製クリステルの鍋は洋風料理に

調理道具にとって大事なのは、使い勝手、収納性、耐久性、そして美しさ。とくに鍋は場所をとるので、収納性はマストの条件です。これらすべての条件を満たしているのがフランスのクリステル社の鍋★（チェリーテラス・代官山）です。photo p.256鍋底が熱伝導率の高いアルミ合金を、保温力と耐久性の高いステンレスではさんだ三重構造になっているので、煮る、蒸す、ゆでる、焼くなどのあらゆる料理に大活躍。両手の深鍋は、直径14センチから24センチまで6サイズありますが、鍋もふたも入れ子になっていて、重ねれば1個分のスペースに収納できます。鍋本体にも、ふたや持ち手にもプラスチックの柄やつまみはなし。オール金属なので、鍋ごとオーブンに入れても大丈夫。着脱式のハンドルは鍋にもふたにも使え、すばやく固定できるようになっています。シンプルですっきりしたデザインは美しいだけでなく、洗いやすく、汚れがたまりません。

クリステルの鍋の中でもよく使うのが、楕円の大きな両手鍋。容量5リットルのたっぷりサイズで、丸ごとの〈蒸し鶏〉を作るにはこれが一番。鍋に水を1～2センチ入れて長ねぎ、しょうがなどの香味野菜を入れ、付属のスチームデッキ（網）をセットします。そこに塩をまぶした鶏1羽をのせてふたをし、強火にかけます。竹串を刺して澄んだ汁が出るまで蒸せば完了。デッキの下に落ちた蒸し汁で極上チキンスープもできるという、おまけつきです。

また、4~6等分した白菜を丸ごと1個蒸し煮にするようなときにも、この鍋の出番です。

大量のパスタは、大きい深鍋にバスケットをセットしてゆで、材料を重ねたくないロールキャベツやパスタのソース作りなどには浅鍋を使います。洋風料理を作るにはなくてはならない鍋で、娘たちにも嫁入り道具として持たせました。

長時間の煮込みにはより厚手の鍋を

洋風料理にはクリステルの鍋と決めていますが、大好きな豆の煮込みや、水分の少ない蒸し煮など、長時間の煮込みなどでは、鍋を焦がしてしまうことがありますね。かなりひどく焦がしても、一晩水につけてから磨けばきれいになるのですが、できれば焦がしたくありません。たまたまいただいたイタリアのバラッゾーニphoto p.256社のステンレス鍋を使い始めたところ、この鍋ならば安心して長く火にかけておけます。それは、この鍋は底から立ち上がりにかけて丸みがあり、底も立ち上がり部分もより厚い、確か五重層と聞いた覚えがあります。柄がついているので収納にはちょっと邪魔ですが、建築デザイナーのマリオ・ベリーニ氏がデザインしただけあって、形の美しさは群を抜いています。

ただし、この鍋自体はいま日本で扱っていません。ほかにも美しい厚手のステンレス鍋は多く出ているので、よく確かめて求めることが大切です。

日本料理には銅製打ち出しの有次の鍋

和風料理には、もっぱら有次のphoto p.256★銅製打ち出し鍋を使っています。煮ころがしや煮魚はもちろんのこと、だしをとるのも、めん類をゆでるのも、きんぴら、いり卵、みそ汁などを作るのもこの鍋。鍋には適度な厚みがあり、安定感は抜群。熱の回りがゆるやかで、底に丸みがあり、充分な深さがあるため、落としぶたをすると煮汁が鍋全体によくゆきわたります。じっくり味を含ませたい煮物が、とくにおいしく仕上がります。鍋の上のほうに、木ぶたやせいろをのせるつば（段）がありますが、この段には、めん類をゆでたとき、ふきこぼれにくいという利点も隠されています。あらゆる日本料理をおいしく作るために、考えぬいて作られた最高の和風鍋だと思います。

　有次の鍋もクリステルの鍋と同様に素材が単一で、プラスチックの持ち手などはついていません。洗いやすく、入れ子にして収納できる点も同じ。使いやすい鍋は和・洋を問わず、共通点があるもの。

　銅鍋のメンテナンスは、アルミやステンレス鍋とは少し違いますが、大変というほどではありません。外側は、塩と酢をたっぷり含ませたスポンジで、打ち出した目をひとつひとつ磨くようにすると、驚くほどきれいになります。鍋の内側には錫《すず》が張ってあり、軽く洗うだけで汚れが落ちます。

　焦がして黒くなってしまい、どうしてもきれいにならないときは、買ったお店に持って行くと、有次が修理をして戻してくれます。有次は京都に本店がある調理器具の老舗。このように、自分のところで作った製品に最後まで責任をもってくれるのも、老舗のよいところだといつも感謝しています。

厚手アルミ無水鍋は、水なし調理が可能な万能鍋

うちで一番長寿の鍋は無水鍋photo p.252（生活春秋、アクレスなど）。「とても便利だから使ってみたら」と母からプレゼントされたのは40年以上も前のこと。母の代から通算50年以上使っていますが、まだまだ現役。使うほどに、そのよさが分かってきます。無水鍋は厚手のアルミ製。ふたは重くて密閉度が高く、ふたの重みで自然な圧力がかかるため、内部を高温状態に保てるのです。煮る、ゆでる、焼く、炒める、揚げるなど、ふつうの鍋にできることはすべてこなし、加えて、蒸し器やオーブンの役目も果たします。さらに、この鍋のすごいところは、ふたをひっくり返して火にかければ、フライパンとしても使えるのです。焼く、蒸し焼き、オーブン機能の三役を活用して作る《牛たたきのにんにくじょうゆ》は、無水鍋ならではの得意メニュー。メイン料理とつけ合わせがひと鍋で、約10分で完成します。

　ご飯用の土鍋に出会うまでは、ご飯を炊く（243ページ）のもいつもこの鍋でした。焼きいも、ス

牛たたきのにんにくじょうゆ

材料（4人分）

牛かたまり肉（ランプまたはもも肉）…400g　サラダ油…大さじ1　A｛しょうゆ…大さじ1　酒…大さじ3　にんにくのすりおろし…1～2片分｝　もやし…1袋

作り方

❶ もやしは水洗いしてひげ根を取り、水けをきる。
❷ 無水鍋のふたにサラダ油を熱し、強火で、牛肉を転がしながら表面に焼き色がつくまで焼く。
❸ ②に鍋の本体をかぶせ、中火弱で7～8分焼いて牛肉を取り出し、Aを合わせた汁に漬け込む。
❹ 鍋のふたに①のもやしを入れ、肉汁をからめるようにして混ぜ、鍋の本体をかぶせて弱火で2分、蒸し焼きにする。
❺ 牛肉を薄切りにして器に盛り、漬け汁をかけてもやしを添える。

★ 無水鍋がない場合は、鉄製フライパンで牛肉の表面に焼き色をつけたあと、金属製のボウルをかぶせて蒸し焼きにしてもよい。

イートポテト、蒸しパンなど、子どもたちのおやつ作りにも大活躍。無水鍋が大小2個あれば、ほとんどの料理に対応できるので、キッチンの調理器具を最小限におさえたいという方にもうってつけです。

最近は無水鍋の出番がやや少なくなりましたが、この鍋でなくてはできないという料理も多く、手離すことはできません。無水鍋は文字通り、水なしか、ほんの少しの水で調理できるのが最大の特徴。蒸し焼き、蒸し煮、蒸しゆでなど、「蒸す」料理でとくに実力を発揮します。長年、使い慣れて、火かげんや加熱時間を熟知しているせいでしょうか。《かぼちゃの甘煮》を作るとなると、やっぱり無水鍋の出番です。この鍋で作るかぼちゃのおいしさは天下一品。

無水鍋も単一素材でできていて、余分なものは何もなし。機能性を重視したシンプルなデザインは美

かぼちゃの甘煮

材料（4人分）

かぼちゃ…600g　砂糖…大さじ4〜5　塩…少々

作り方

❶かぼちゃはスプーンで種とわたを除き、大きめの乱切りにする。

❷かぼちゃを無水鍋に入れ、砂糖、塩をまぶして20〜30分おく。

❸②に水を5㎜ほど入れ、ふたをして強火にかける。煮立ったら弱火にして8分ほど煮る。ふたを取り、汁けが残っていたら両手で鍋をゆすって飛ばす。

しく、飽きがきません。焦げたり汚れたりすれば、クレンザーで磨くときれいになり、きれいになれば、また愛着が増します。いつまでも使い続けて、私よりも長寿になりそうな鍋です。

焼き物には焦げつき防止加工の鉄製フライパンを

ステーキ、ハンバーグ、オムレツ、目玉焼き、魚のムニエルなどの洋風料理ばかりか、中華風の焼き物や和風のキンピラ作りまで、手軽に家庭料理を作るのに、フライパンはなくてはならない存在。

フライパンで材料を焼いたり、炒めたりするには、まずフライパンを薄く煙が出るほどに高温で熱してから、油を温めるのが基本。中温で熱するように、と注意書きのあるフッ素樹脂加工のフライパンでは、おいしく仕上がりません。ですから、私が使っているフライパンはすべて鉄製。持ち手も鋳物ですから、全体が金属でできています。なかでも、photo p.256底に凹凸のあるエンボス加工のフライパン（★双葉工業）は焦げつきにくく、鉄製なのにあまり重くないところが気に入っています。

ハンバーグは、厚めに成形してフライパンで表面を焼き固める程度に焼いたあと、フライパンごとオーブンに入れて焼くのが私流。プロのシェフがやっている「焼き入れ」の作業ですが、この方法ですと、外側はカリッとして中はジューシー、本当においしいハンバーグに仕上がります。これができるのも、持ち手も本体も金属製のフライパンだからこそ。

また、野菜炒めも高温加熱が可能な鉄製のフライパンを使うと抜群においしく仕上がります。

まず、ガス火でフライパンを充分に熱して油を注ぎ、ここへ切った野菜を重ならないように広げます。上からパラパラと塩、こしょうをふり、しばらくして野菜の上下を返すだけ。かき混ぜずに完了。高温だから水けもおいしさも閉じこめられるのです。

使用後は、きれいに洗って乾かすという手入れを怠らなければ、半永久的に使えるのも魅力。

ただし、鍋にしろ包丁にしろ、鉄製の道具に水けは禁物。水滴をつけっぱなしにしておくとすぐに錆びて、汚くなってしまうので、よく乾燥させてからしまうことが大切です。

鉄製の中華鍋は、大が小を兼ねる

炒め物をするには、思いっきり高温に熱した中華鍋で一気に仕上げるのがおいしさの秘訣。それができるのは、やはり鉄製の中華鍋です。炒め物ではよく、にんにく、しょうがなどの香味野菜を炒めて油に香りを移します。香味野菜は高温で熱すると焦げて苦みのもとになってしまいますが、だからといって中華鍋を高温で熱しなくてよいということではありません。フライパンでバターを溶かすのと同様で、すぐに火を弱めるにしても、あらかじめ鍋を充分に熱して入れるほうが、おいしく仕上がります。

中華鍋には両手タイプと片手タイプがありますが、私は両手タイプを使用。両手タイプのほうが底の面積が広く、火にかけたときに安定するので、調理しやすいからです。片手タイプのものは底が狭いため、火にかけたときに不安定で、落ち着いて作業ができません。

中華鍋は、大が小を兼ねてくれると覚えておきましょう。鍋が大きいと4～5人分の炒め物でもラクに作れます。へらを動かすときも、鍋が大きいほうがラク。底に油をためて揚げ物をするのにも、上に蒸籠《チョンロン》（せいろ）をのせて蒸し物を作るのにも、やはり直径35～37センチくらいのものが便利です。

問い合わせ先一覧

本文中に★印のついた商品の問い合わせ先です。

p14〜27　基礎調味料

[しょうゆ—永寶屋・和右衛門]
林合名会社　福島県会津若松市材木町1-9-18　tel：0242-27-4055

[みそ—越後みそ（米みそ）]
渋谷商店　新潟県新潟市紫竹山3-12-1　tel：0120-65-2080

[油—MARFUGAのオリーブオイル]
MARFUGA社日本総代理店　ネット販売　www.arimotoyoko.com

[油—玉締ごま油]
小野田製油所　東京都新宿区中落合3-16-11　tel：03-3953-1688

[その他の調味料]
自然塩、和三盆、三河みりん、千鳥酢、黒酢（鎮江香醋）、ワインビネガー、バルサミコなどは、都内有名百貨店や高級スーパーで。

p240〜259　ご飯

[無水鍋]
生活春秋　広島県広島市安佐南区長束3-44-17-8　tel：082-239-1200
アクレス　東京都目黒区中町2-45-8-407　tel：03-6909-5197
以上、ネット販売あり。ほかに、楽天市場内「水無し調理の無水鍋の店」でも扱いあり。

[ご飯用土鍋・冷凍ご飯用陶器—かまどさん]
長谷製陶　三重県伊賀市丸柱569　tel：0595-44-1511

[カムカム鍋と圧力鍋]
リマ東北沢店　東京都渋谷区大山町11-5　tel：03-3465-5021

p262〜284　基本の調理道具

[グローバルの包丁]
YOSHIKIN（吉田金属工業）東京営業所　東京都港区六本木3-15-21鶯ビル5F
tel：03-5771-2351

[ラ・バーゼのまな板、ボウル、バット、ざる、プレート]
和平フレイズ　新潟県燕市物流センター2-16　tel：0256-61-1254
または、フーディーズショッピングクラブ　tel：0120-89-5014
ほかに、通販ディノス、LEEマルシェなどのネット販売もあり。

[クリステルの鍋]
チェリーテラス・代官山　東京都渋谷区猿楽町29-9ヒルサイドテラスD棟
tel：03-3770-8728

[有次の銅鍋と砥石のストッパー]
有次錦店　京都府京都市中京区錦小路通御幸町西入ル　tel：075-221-1091
または、日本橋髙島屋　tel：03-3211-4111（代）　7F有次コーナー

[エンボス加工のフライパン]
双葉工業　新潟県三条市塚野目2-2-5　tel：0256-32-1394

ご飯・めん・パスタ

だし汁と汁物（スープ）

デザート・たれ・ソース

忙しいときの簡単料理

食材別料理もくじ

＊材料や項目の内容に応じて、複数に分類してある料理もあります。

有元葉子（ありもと・ようこ）
女性誌やテレビで大活躍の料理研究家。イタリアン、和食、エスニックなどレシピは幅広いが、どれも素材の持ち味を充分に生かし、シンプルながらとびきりおいしいものばかり。『1回作れば3度おいしい作りおきレシピ』、『料理は食材探しから』、『ちゃんと食べてる?』、『こんなにおいしくていいの!? 医師と料理家がすすめる糖尿病レシピ』など多数の著書がある。オリジナルのキッチン用品ラ・バーゼを提案するほか、セレクトショップ「shop 281」をオープン。
http://www.arimotoyoko.com

撮影／木村 拓
ブックデザイン／高橋 良
構成・文／村上卿子

だれも教《おし》えなかった料理《りょうり》のコツ

二〇〇七年一月二五日 初版第一刷発行
二〇一八年五月三〇日 初版第一八刷発行

著　者 有元葉子
発行者 山野浩一
発行所 株式会社筑摩書房
東京都台東区蔵前二-五-三 〒一一一-八七五五
振替 〇〇一六〇-八-四一二三
印　刷 凸版印刷株式会社
製　本 凸版印刷株式会社

乱丁・落丁本はお手数ですが左記にご送付ください。
送料小社負担でお取り替えいたします。
ご注文、お問い合わせも左記にお願いします。
さいたま市北区櫛引町二-六〇四 〒三三一-八五〇七
筑摩書房サービスセンター 電話 〇四八-六五一-〇〇五三

ISBN978-4-480-87779-6 C0077